三訂新装版

アラビア海を越えて オマーンにようこそ

中東にこんなに平和で
美しい国がある

江 村 彩 子

東京図書出版

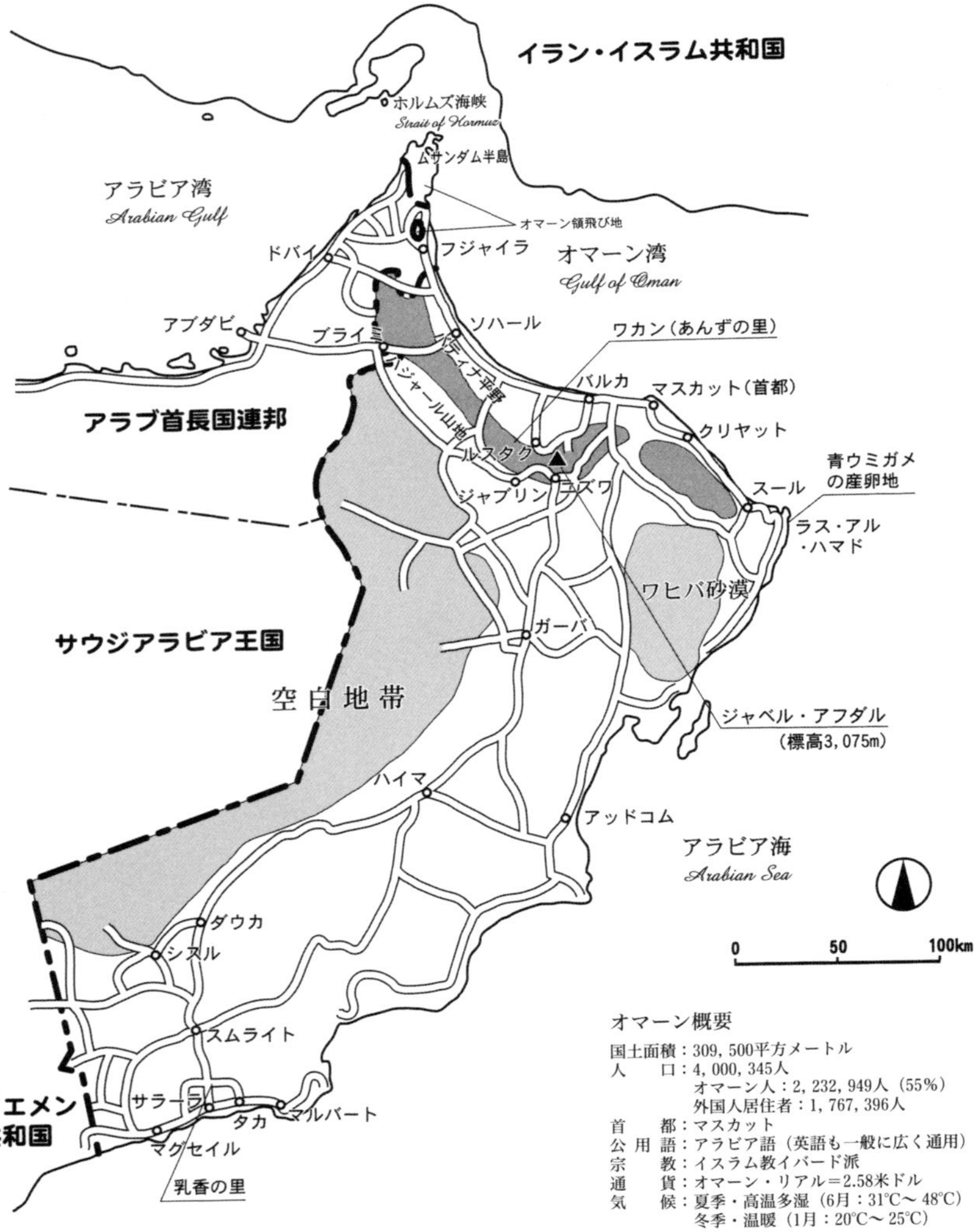

オマーン概要

国土面積：309，500平方メートル
人　　口：4，000，345人
　　　　　オマーン人：2，232，949人（55%）
　　　　　外国人居住者：1，767，396人
首　　都：マスカット
公 用 語：アラビア語（英語も一般に広く通用）
宗　　教：イスラム教イバード派
通　　貨：オマーン・リアル＝2.58米ドル
気　　候：夏季・高温多湿（6月：31℃～48℃）
　　　　　冬季・温暖（1月：20℃～25℃）

※人口は2014年度現在の数字

オマーン国王・カブース・ビン・サイド・アル・サイド王

アラム王宮

20 周年記念式典ナショナルデー

オマーン・シンフォニーコンサート

オマーンの民族衣装を着た女性たち

ラクダレース

あんずの村〝ワカン〟

スルタン・カブース・グランドモスク（外観）

スルタン・カブース・グランドモスク（メインモスクの内部）

ロイヤル・オペラハウスの夜景

ロイヤル・オペラハウス（客席）

―プロローグ―

アラビア海を越えてオマーンにようこそ

ついにオマーンでミレニアム二〇〇〇年を迎えた。世界中でY2Kの問題が騒がれていた大晦日の〇時を一秒過ぎたが、オマーンの夜の明かりは消えずひときわ光り輝いていた。平和の国オマーンの未来を象徴するように。

私は安堵と喜びのなかで二〇〇〇年と愛するオマーンを祝してワインで乾杯をした。

「世界がこのオマーンの国のように平和になりますように」と。

二〇〇〇年の今年はカブース国王が即位され近代化を進めて三十年の記念すべき年、重ねて六十歳の誕生日の年、はばかりながら私がオマーンに住み着いて十年目の年、この記念すべき年に便乗して、今まで書きためておいたオマーンの思い出の一編一編をまとめてみた。

私の目で見た十年間のオマーンの日々、カブース国王は石油収入をすべて国民に還元された。そして豊かになったオマーンの人々の暮らし、しかし、有限な資源はいつかは尽きる。その日に備えてカブース国王は「国づくりは人づくり」「人づくりは教育」と国民の教育を最大の重要課題として奨励されてきた。それと共に「自分たちの国は自分たちの手で創りだそうではないか」と「労働の尊さ」を説かれ、「働くことを厭わないように」と呼びかけられて目下オマニィゼイション（労働力のオマーン人化）が進行中である。

近代化は今まで電気のなかった山の中の村々にも行き渡り、衛星放送も見ることが自由になった。スーパーマーケットは地方まで進出して人々の生活も急速に便利になった。しかし、どこの国においても急速な近代化は国民がとまどい、生活のあちこちで色々なひずみをおこし弊害も大きい。

例えば十年前は車のラッシュなどオマーンの国のどこを探してもなかったのに、いまや首都マスカットの出勤時間帯と勤務終了時間帯とはラッシュアワーになり身動きがとれなくなった。そして大きなランダアバウトには信号がつけられた。また、交通事故も年間八千件以上と多発している。近代化に伴い、オマーン人のゆったりした心も少しずつ変化しつつあるのではなかろうかと心配する。

カブース国王の手で進められた近代化は三十年の間に先進国と変わらぬ素晴らしい国と成長し、平等に人々の暮らしを豊かにしたが、今後、オマーンが更に経済発展するための方策として、石油以外の資源の天然ガスや大理石や銅などの鉱物資源の開発、海産物資源の開発、観光資源の開発、国内工業の育成など、弊害を最小限にとどめながら、どのように平和で豊かな国づくりを進めて行くのか、三十年という短い間に成し遂げられたオマーンの近代化という偉大な業績。カブース国王の喜びと共に悩みもまた当分続くのではなかろうか。

〔アラビア海を越えてオマーンにようこそ〕目次

第一章　インシャアラー

アラブの国へ翔ぶ

一九九〇年春、私は初めてアラブの国の土を踏んだ。

一九八四年にインドネシアの日本人学校から帰国、京都府K市のK中学に赴任して、あっと言う間に六年が過ぎ去った。三年間の海外教員体験は私を大きく成長させてちょっとやそっとの事で驚かないようになっていたが、六年たって気が付いたとき、五十七歳という自分の年齢には、ぎょっ！と驚いてしまった。〝これじゃ人様の子の教育ばかりに没頭して自分自身のやりたいことは何にもしていないじゃないか、老いさらばえてからでは何もできないのでは？　これは大変だ。余力を残しておかないと〟と真剣に悩んでいる矢先に海外子女教育財団よりオマーン日本人会補習授業校の現地採用教員の話があった。生まれてこのかた、いつも外に目が向いている私にとって渡りに船とばかり、二つ返事で承諾した。「僕らが卒業するまでいて」という担任の生徒には後ろ髪を引かれる思いがあったが、思い切って三十五年の公立中学校教員生活に終止符を打ち、新たな第二の人生に夢を求めてアラブの国オマーンへと翔んだ。

「えぇ？　オマーン、まだ剣をさして歩いていますよ。よく行きますね」

と、物騒な話を聞かされたり、呆れられたりしながら、（確かにその頃は中東の国といえば、恐ろしいイメージを日本人は抱いていた）しかし、自分の目で確かめることこそ大事なことだと思い、勇躍日本を後にした。

成田空港を出発してタイのバンコクでトランスファのため三時間程待ち、カラチ経由のマスカット行きのタイ航空に乗った時、周囲はインド人やパキスタン人、白いオバＱスタイルのアラブ人と思われる人々ばかりで、目が大きく、褐色に輝く彫りの深い顔ばかりにとり囲まれて日本人女性は私一人、まるでまな板の上の鯉のようであった。その時はほんとうに心細く、はるばるアラブの国まで来てしまってこの先どうなるやらというのが、偽らぬ実感だった。

しかし、その後二年間の教員生活を終えても、まだオマーンに居座り続けている。もちろん時には五十度にもなる暑い夏は我慢しきれなくなって、ヨーロッパに出かけたり、日本に帰ることもあるが、二十五度前後になる冬（十月）を待ち構えてオマーンに舞い戻ってくる。日本に帰っても落ち着かないのだ。

「日本人のくせに」と叱られそうだが……。

もしかして、私にはアラブの国の血が交じって流れているのではないだろうか、と本気で考えるときがある。

表社会と裏社会

今更言うまでもないが、日本の四季折々の自然の美しさ、（しかし、現在山林の乱開発によって環境が破壊されている問題もあるが）それと共存する誇るべき伝統文化の数々、世界一とまでは言わないが、水道からじかに飲める美味しい水、その水が基本になって作られた独特の食文化、最先端をいくハイテク技術、（オマーンは日本車が走り、日本の電機製品やコンピューターは最高と愛用されている）ハンカチ一枚、靴下一つにしても優れたものが多くある日本。たまに日本に帰国して、水道から出る水をゴクゴク飲み、日本食も思い切り食べ、肌ざわりの良い下着をつけて、〝さすが日本の物は違う〟と感心し、日本を再認識しているのに、どうも日本には住みたくないのが私の本音のようである。

日本はいまや〝どうなっているの？〟と言いたいくらいに〝思考力の切れた青少年〟によって今まで想像もしない犯罪が増加している状況にあるし、一方、お金万能主義が社会を横行してすべてがお金で人間の心までが支配されているように感じる。薬害エイズ問題にしても病人を助ける医師が製薬会社から大金を手にしたい欲望のため薬害があるのを知りながら患者に血液製剤を売ったり、かつては住専問題、今は銀行の不良債権融資問題、オウム真理教によるサリン事件や殺人事件、政治や企業の汚職問題等、そしてお金のためならわが子や他人に多額の保険金をかけて殺してしまう親さえ出てくる始末、すべてがお金欲しさのためなら、他人をだまそうと、殺人を犯そうとお金のためなら何をしても平気な人々が増えてきているように思う。中高生さえもお金のためなら体を簡単に提供するという社会の現実。また、大学生は言うに及ばず中高生も少しアルバイトをすれば、高額なお金を容易に手にすることができる。そういった社会の仕組みが、お金さえあれば何でも手に入れることができるという日本人のお金万能主義の感覚を生み出しているのではないだろうか。

日本はいつからこのように様変わりしたのだろうか。あまりにも物質面だけが豊かになり過ぎて、そう、人の心さえお金で買うことが可能になり、精神的な面が忘れ去られてしまっているように思う。

オマーンに来た当初、いろいろな場所でオマーン人と出会ったとき、彼らが必ず私に問いかける言葉は、

“Are you Japanese ?”

そして、

“Yes”

とこたえると、

“Japan is wonderful”

とにこにこしながら尊敬をまじえた声をかけてくれるので、

“Thank you”

と、こちらも答えながら日本人としての誇りがむずむずと体中を痒くし〝日本人に生まれてよかった〟とそのときは遙か遠くの美しい日本を思い浮かべてしみじみ思う。

しかし、今、世界の情報がオマーンにも入るようになると、オマーン人が私に話しかけて来るこ

とは、

「日本はとても生活費やホテル代が高いのですってね。だから行きたいと思っても行けませんよ」

という話である。私はただうなずくように笑いながら
「日本はその通りなんですよ」

というしかないのである。

真の自由とは？

オマーンはイスラム教が国教であって、国民が守らなければならない規範がたくさんある。例えばイスラム教ではお酒は禁止されているが、近代化が進んでいるオマーンでは飲むことができる。しかしホテルのバーか決められたレストランでしか飲むことができないという規範がある。すると未成年はバーなどには出入りできないから、「お酒は大人になって飲むものだ」ということが子供達に自然に教え込まれる。しかし、日本は中高生だって自由にお酒も煙草も買うことができる。カラオケボックスもあれば、ゲームセンターもあって自由に出入りできる。盛り場に行けば、髪を茶色や金色や赤や緑に染めたり、耳や鼻にもピアスをした若者達に出会う。公園に行けば、二人で抱き合って寝そべっている。この頃は電車の中でもべたべたしている。私などはそんな日本の若者たちに出会うと、まるで違った国の若者ではないかと思ってしまう。規制のあるところにこそ、自由があるのであって、日本は自由でなくて放縦ではないかと思う。

オマーンは赤い灯青い灯もなければ盛り場もない。高級クラブもなければ、トルコやモーテルもない。パチンコ屋もなければカラオケボックスもない。ただ、近ごろ四、五軒あるホテルの中にディスコダンスバーができたが、若者たちは度を過ごさぬように健康的に踊っている。映画館もあって、インド映画やイギリス映画、アメリカ映画等を上映しているが、決して不健康な場所ではなく、映画そのものを観て楽しんでいる。

娯楽といえば、各家庭のパーティに出かけたり、車でドライブしたり、公園や海岸にピクニックに行ったり、広場や海岸でフットボールに興じたり、マクドナルドの店でおしゃべりを楽しんだりするぐらいのものである。実に自然的で健康的な生活である。オマーンは裏の世界がない国である。

インシャアラー

さて、実年の私の話にもどそう。

日本は生活をするについて、人間関係をスムーズに行かせるためにまどろっこしいまでの根回しや言葉の使い回し、古い体質のままの融通性のない規則の固持、礼儀正しさを通り越した丁寧さや遠慮深さなどなど。それよりも自然体で人と接し、率直に語り合い、自由な気風で行動するボヘミアン的な生活が自分に合っている。そういった雰囲気の濃い砂漠の国オマーンは、月並みな言葉で言えば、私にとって愛する第二の故郷となりそうな気がする。

それほどまでに私を捕らえて離さぬオマーンの魅力とは一体何か。それは一言では言えない要素が絡み合って私を引き付けている。一例を挙げれば、日本民族の少々息が詰まりそうな生き方に比べて、砂漠の民の悠然とした生き方なのかも知れない。その人間性と重なり合って、オマーンの時間の流れ方が日本と違うのではないかと思うときがある。日本では、人々は時間の中で時間に支配されて生きているように思える。オマーンでは、人々は時間に振り回されることなく、自分のペースでゆったりと生活している。これ程優雅な生活様式があろうか。

例えばこの国には、

「インシャアラー」

という言葉がある。

「インシャアラー」とは「神のみこころのままに」ということである。

「明日あなたとお会いしましょう」

と約束すると彼らは、

「インシャアラー」

と答える。その意味は、

「私たちはお互いに人間同士だから、明日のことを今約束しても何が起こるか分からない。もし、アッラーの神が無事に会える機会を我々に与えてくだされればお会いしましょう」

というのである。

「お会いしましょう」

といっておきながら、約束の場所に行ってみると来ていないこともある。しかし、彼ら同士は「約束したじゃないか」と決して詰め寄りはしない。

日本ならどうであろうか。

「約束しておきながらすっぽかして、もうあなたなんか絶対信用しないから」

とかんかんである。

人間と人間の信義を第一に考えて生きる日本人と、先ず神のみこころにまかせて生きるオマーン人の違い。

「人間なんて神や宇宙からみれば、それこそ砂漠の砂粒よ」

と広々とした砂漠の国の人々のおおらかな生きる姿勢がたまらない魅力となって私を引き付けるのだ。

第二章　私を虜にした三つのオマーン

青い空に捕まった

私が一九九〇年の五月六日の夜、右も左も分からぬ中東のオマーンに到着、日本大使館員のM氏が迎えに来てくださったお陰で、ほっと肩の荷がおりた気分であった。マスカットのシーブ国際空港の入国審査ではデシダーシヤ姿の職員がのんびりとおしゃべりをしながら仕事をし入国するまで随分と待たされたが、アラブの国の雰囲気を知る貴重な時間のように思えて、あまり腹も立たなかった。文部省派遣教員として二年前からオマーン日本人会補習授業校の教員をされているS先生が空港から、私のために用意されているアパートまで送って下さった。オレンジ灯の輝くハイウエイは近代国家を思わせるほどしゃれたものだった。

初めてのオマーンの朝は、透き通るようなソプラノの小鳥のさえずりで目が覚めて窓を開けた。何という明るい一日の始まりであろうか。もう既に太陽は高く上り、空のもとにあるすべてのものが輝いていた。雲の小片一つないコバルトブルーの空が視界に入った時の体中を駆け巡ったあの興奮を今もって私は忘れることができない。

体の隅々まで染まりそうなコバルトブルーの色であった。このような青い空を今の今まで見たことがなかった。こんなに美しい青い空が世界のなかにそれも中東のオマーンにあるなんて思いもかけなかった。

それからは毎日の生活がコバルトブルーの空のもとから始まった。私は学校へ行く前にこの青い空に思い切り呼びかけ、手を振って小躍りしながら出かけた。子供の時代から戸外が大好きだったし、晴れわたった青い空のもとで思い切り野原を駆け巡ったり、山や丘に登る爽快さは格別だった。家の中で遊んだ記憶は少なかった。家の中にいるときは、読書をするときぐらいだった。大人になってもそのキャラクターは変わらなかった。雨の日や曇りの日は人一倍憂鬱だった。そんなときは何をしてもうまくいかなかった。そして青空が戻ってくると、私の体の中にも陽気な気分が充満してウキウキしてくるのだった。自分でも思っているが、多分私は極度の躁鬱症なのかも知れない。

オマーンは私にぴったりの国であった。年間にして雨は四、五回しか降らない。三百六十五日とまではいかなくとも、三百六十日間は青く晴れ渡った空である。とすれば、私は五日間だけ憂鬱な日を辛抱すれば、毎日が快適に過ごせることになる。私にとってなんと幸福の国であろうか。青い鳥でなくて青い空の幸福の国であった。こうして、私は青い空に捕まって今も幸せにオマーンで暮らしている。

賢い王様

オマーンが中東にあってこのように美しく平和な国であるのは、ひとえに賢い王様の力によるものだといってよいと私は思っている。私はオマーンに来たときからこのカブース国王の虜になってしまった。初めてお会いしたのは本物でなくて写真であったが、少年のようにすがすがしい正義感に満ちたお顔をされていた。特に静けさをたたえた湖のようなそして考え深そうな目に心を奪われてしまった。かつて教えたK君という生徒が同じような澄んだ目をしていた。彼は純粋で正義感の強い生徒だった。

私は友人のオマーン人や外国人から王様の事を聞くたびに、尊敬の念が増していった。私はどうしても一度本物の王様にお会いしたいと思った。王様を自分の目で確かめたいという私の強い願望がむくむくと頭をもたげてきたのであった。そんな願望が半年後にかなうとは夢にも思っていなかった。

私がオマーンに来た一九九〇年は、カブース国王によって創設された近代国家オマーン建国二十周年に当たる年であった。建国の父といわれているカブース国王の誕生日の十一月十八日を中心にして毎年盛大な祝賀祭典が行われてきた。その年は建国二十周年と国王の五十歳の誕生日と重なって特に盛大な記念祭典が開催された。ワタヤ王立警察競技場のこの記念祭典に出席することができてカブース国王を遠くからであったが、お顔を拝見することができて大変感激したことを覚えている。その式典に出席して、初めてオマーン国民がどんなにかカブース国王を敬愛しているかを肌で感じとることができた一日であった。大観衆を前にカブース国王の力強いスピーチに対して、国民たちはカブース国王の一言一言にどよめきをし、歓声をあげて拍手をした。そのオマーン国民の熱狂的な敬愛ぶりに私は圧倒されてしまい、オマーン国民と一緒になって歓声をあげていた。その年の演説は、「オマーンを愛している国王の私も国民の皆さんも一緒になって力を合わせてこの国の発展のために尽くそう」というような内容であったように思った。カブース国王のためなら死んでもよいと言っているオマーン人もあると聞いたことがあるが、王様と国民の絆の深さを目の当たりに見た記念祭典であった。それ以後のナショナルデーの祝賀祭典にも機会があるたびに出席して、王様の聡明なお顔を拝見してオマーン人と共に喜びを分かち合っている。

丸いオマーン人

中東の国々を旅していた或る日本人がオマーンを訪れた時に、「オマーン人は丸いね」と言ったということである。その印象はかなり当たっていると思う。私がオマーンに住んでもう十年になるが、この居心地の良さの一つにオマーン人の人柄にあると言ってもよいだろう。オマーン人に対する私の印象を一言で言うならば、全般的におっとりしていて穏やかで親切であると思う。「いやいやそれは一面だけしか見ていないのであって、向上心がないのですよ」とおっしゃる方もある。確かに技術指導の専門家や、プロジェクト指導のエンジニアの方々は「とても優秀なオマーン人もいるが、誰かがしてくれるといつも期待してのんびりしてる人たちも多い」と不満なども聞くことがあるが、近代化が始まってやっと三十年、カブース国王は「国づくりは人づくり」「日本を見習いなさい」とおっしゃったかどうかはさだかではないが、教育に全力を注いでおられることは確かである。しかし、そう一朝一夕には教育は浸透しないのが現実である。日本が百年以上も前から寺子屋塾から出発して教育に力を入れてきたからこそ、今日の日本の繁栄があるのだから、そう簡単なことではない。しかし、現在の日本人のようにあまりに向上心や競争心が強すぎても子供も大人もストレスがたまるばかりである。それに付随して学校内でのいじめ問題や子供の自殺や殺人、新興宗教などの手段を選ばない人集めや金集めなど多くの社会問題を生み出している。

オマーンはそういった社会問題はあまりない。日本では子供が自殺する、また昨年などは交通事故死が一万人で自殺者が三万人などと聞けばオマーン人はびっくりして腰を抜かすかも知れない。日本人の私だってこの自殺者の数字を見て唖然としているばかりである。勿論、気候風土、育った環境、社会情勢が違えばキャラクターも当然かわってくると思う。一年中常夏で産油国で税金がない国……とくれば、ストレスもたまらないかも知れない。そのかわりというべきか、五十度にもなる夏の暑さに耐えて生活しなければならないオマーン人に勤勉にせよと言っても無理であろう。

いつもにこにこしてあまり怒ったことがなく、のんびりと時間に囚われずに生活するオマーン人の気風が、私の求めるフィーリングとぴったり合うことは確かである。

第三章　オマーンは王様で持つ

すてきな王様

オマーンを語ろうと思えば王様抜きでは語れない。それ程オマーン国王・カブース・ビン・サイド・アル・サイド王は偉大と言われている国王である。

オマーンに住めば誰でもが一度は王様にお目にかかりたいという願望を抱かずにおられないほど魅力的な王様である。

私が最初にお会いしたのが、ホテルに飾られた王様の写真だった。なーんだ、なんて言わないで下さいよ。そう簡単にはお目にかかれないのですから。

ロビーで会った恰幅のよい一人のオマーン人に私は恐る恐る写真をさして尋ねた。

「この方がカブース国王ですか」

「そうですよ」

「立派な王様らしいですね」

「実に偉大な国王ですよ」

と、わたしの質問ににこにこしながらそう答えてくれた。

「実際にお目にかかれる機会はあるでしょうか」

「ええ、ありますとも。十一月十八日のナショナルデーの式典に出席できればお目にかかれますよ。また毎年、国民一人一人の声を聞くために辺地巡行をされていますから、そこへ行けばお目にかかることができますよ。多分ね」

「えぇ！　まるで水戸黄門さまのような方ですね」

「なんとおっしゃいましたか？」

「あら、オマーンの水戸黄門さまと言ったのですよ」

私はしばらくその慈愛に満ちた凛々しい顔立ちを見つめていた。そして、そっとつぶやいた。

《何という優しさと清らかさをもった方なんだろう》と。

目がとても印象的だった。悲しいまでに、純粋さと優しさをたたえた目に出会うのは二人目だった。

かつて教えた生徒の中におなじ目をした少年がいた。彼は正義感の強い少年だった。いじめられた友達をかばって相手とけんかをして殴られたときも、また、いじめられたときも、どんなときも優しさを忘れない目だった。それが彼の目だった。いつも心から人間を愛している目だった。同じ目をした人がここにもいる。

王様の目はこう言っているようだった。

「オマーンの国民よ。わたしは国民一人一人を愛している。信頼してついてきなさい」

私はすっかり王様の虜になってしまった。人間、虜になってしまうと、その人のことを知りたいと願うのは当然のことだろう。国民の熱狂的な支持を受けている王様の秘密とは一体どこにあるのだろうか。

王様の秘密

わたしの親しい友人のオマーン人はこう答えてくれた。

「何といっても、オマーンの近代化を進めてくれた功績は大きいですよ。三十年前は、何一つ近代的な建物や道路はなかったのですからね。病院は一つ、学校はたった三校ですよ。今のオマーンからはとても想像できないでしょう」

「それに王様はとても国民を愛されているのですよ。国民も愛されていることを知っているので、王様のためなら何でもしようという気持ちになるのですよ」

こんなにも国民から愛されているカブース国王は一九四〇年十一月十八日、オマーンの南部ドファール地方のサラーラで生まれた。現在六十歳のカブース国王はアルブサイド王朝直系、八代目の王様である。

アルブサイド王朝は一七四四年にオマーン国の内乱を治めて国を統一した宗教指導者アハマド・ビン・サイドによって起こされた王朝である。湾岸地域では最も古く権威ある王朝として知られている。

カブース国王は七代目の父、サイド・ビン・タイムール国王（一九七二年に死去）の一人息子として生まれた。カブース国王は幼年期、少年期をサラーラの宮廷で過ごして教育を受けた。その後十六歳より英国に留学、サフォークの私立学校で教育を受け、二十歳より士官候補生としてサンドハースト英国陸軍士官学校で学んだ。優秀な成績で同校を卒業し、その後は西ドイツ駐留英国参謀として実地訓練を重ねた。その後英国の地方自治制度を学ぶために、イングランド、ベッドフォード州議会で行政制度を研究されて着々と帝王学を身につけられた。

英国滞在八年の歳月は瞬く間に流れて一九六四年カブース国王は帰国の途についた。新しい教育を身につけた新進気鋭の二十四歳のカブース国王は世界情勢を知るためにオマーンに帰国途中、世界一周旅行を試みられた。そのとき、あこがれの伯母の母の国、日本にも立ち寄られた。

「伯母の母の国ですって？」

「そうなんですよ。驚いたでしょう。日本とオマーンは、奇しき縁があるのですよ。でもそのお話は後程ゆっくりすることにしましょう」

さて、若さに溢れたカブース国王は叡知と大きなビジョンを抱きオマーンに帰国された。しかし、オマーンは八年前と全く変わらず何の進歩もしていなかった。父サイド国王と喜びの対面を果たしながらもカブース国王は英国を始め西側諸国や日本の目覚ましい近代化の状況を説明し、オマーン国の近代化を促進するように父王を説得した。しかし、前国王は非常に保守的な人であり、国の繁栄よりも旧体制をそのまま維持しつづけたいという考えをもっていたので、対外的には保護国であるイギリスを除いては諸外国に対して鎖国政策をとり、国内的には徹底した専制政治をしいていた。

これは国民の間で反王政的な風潮が広がることを恐れた前国王の考えだった。国民に教育は必要ないと当時国内には小学校が三校、病院はたった一つといった有り様だった。また、道路は荒れ果てたままの昔ながらの路でラクダが我が物顔で闊歩していた。

一九六〇年代のオマーン国は未開発、文盲、高死亡率、孤立化と一世紀以上も停滞していて中東で最も遅れていた国だった。それこそ「二十世紀の中世の国」と呼ばれていたように、何一つ近代化されていない砂漠の国だった。

有能な若者達はこんな祖国に満足するはずはない。エジプトやイラクを始めとする湾岸地域の各地に教育を受けるためや、自分を発揮できる職を求めてどんどん流出して行った。祖国を見限ったわけである。

英国で最高の教育を受け英国の影響を少なからず受けて帰国したカブース国王は、この有り様を見て、

「このままではいけない。世界の国々からとり残されてしまう。また、次代を担う若者達がオマーンに絶望している」

と痛感し、度々父前国王に国の近代化を推し進めるように進言したが、父前国王は頑として聞く耳をもたず、ついにはわが子、カブース国王をサラーラの宮殿の奥深く幽閉してしまった。

理想主義者であり心の優しいカブース国王は、そのうちにきっと父も分かってくれるに違いないと信じて、その間ひたすら己を高めるために、自国史の研究や、イスラム法の研究に没頭されていた。しかし、一九六七年から石油収入を得られるようになったにもかかわらず、前国王は国の近代

化には背を向けたままの状況だった。八年間、父王を信じてあらゆる迫害に耐えに耐え抜いたカブース国王も、ついに父前国王の反近代化体制に堪忍袋の緒を切った。カブース国王は幅広い国内諸派勢力に支持されてやむにやまれぬ固い決意をもち、オマーン国の発展や、国民の繁栄のために、宮廷革命を起こした。父サイード国王をロンドンに追放し、ついに一九七〇年七月二十三日、王位を継承した。オマーン国民は、この日をどんなに待ち侘びていたことだろう。すぐさま、サラーラの宮殿からマスカットへと飛んだカブース国王は、すべての国民から熱狂的な祝福を受けた。

目覚ましい王様の活躍

国民の信頼と期待を担ったカブース国王の働きはそれは目覚ましいものであった。彼が最初に行ったことは、国民の暮らしや活動を縛っていた時代遅れの数々の制度の廃止だった。信じられないことだが、女性は教育を受けることもできず、国民の最低の楽しみである歌ったり踊ったりすることさえも禁止されていた。近代化に必要な国民の活動はすべて禁止されていたといってよかった。

前国王の在位三十八年間教育も受けられず、経済的に自立もできなかった独裁制の中で貧困にあえいでいた国民のためにカブース国王はあらゆる困難に立ち向かってオマーン国の近代化とオマーン国民の幸せのため日夜努力を続けられた。カブース国王の偉大なところはイデオロギーやドグマにとらわれずに長期的視野にたって判断をされ、実行されることであった。国王は、祖国に失望し海外に流出して行った前途ある優秀なオマーンの若者達にこう呼びかけられた。

「前途あるオマーンの若者達よ。世界のどこにいようとも、オマーン国に帰国して建国の大事業に参加してほしい。我らの祖国オマーンをすばらしい国にしようではないか。そのためにぜひとも協力してほしい」

この呼びかけは国外にいた多くのオマーン人の共感を呼び、優秀なオマーン人は続々と帰国した。国の基礎となる内閣が作られ、それぞれの分野で精力的に仕事に取り組んだのである。

オマーンの近代化はカブース国王の陣頭指揮のもとに急速に進められた。国名も「マスカット・オマーン王国」から「オマーン王国」へと改名され、国旗、国歌も新たにされて、国政のすべての面において心機一転が図られ、国土開発の促進や国民が何よりも必要としていた医療や教育の社会改革に先ず手をつけ推し進められた。

人づくり政策

国王は先ずすべての国民に教育の機会均等を与えるために教育の充実に全力を注がれた。カブース国王が一九七〇年七月、王位につかれたときの国民に対する最初の演説の中で、「オマーン国を発展させるためには、先ず人づくりが大切である」と強調され、今後教育の問題に徹底的に取り組むことを国民の前で約束された。その約束どおりその後の三十年間、教育は一環して最優先事業とされて取り組まれて来た。世界の石油価格の暴落の結果、緊縮財政措置が必要となった時もこの方針は堅持された。そして国民の教育と健康に関する計画は着々と実行されてきた。

小学校で学ぶ子供たち

一九七二年、教育発展計画の一歩を踏み出した当時、オマーンはマスカット、ムトラ、サラーラの各地に三千九人の生徒を入学させる三つの男子校があっただけだった。《女子に教育は必要なし》という前国王の考えで女子校はなかった。内陸部の町や村にはコーランの塾があっただけだった。オマーンの文盲率が中東一だったこともうなずかせる状態だった。こんな状況の中で教育を浸透させることは容易なことではなかった。国民への啓蒙活動や、教育奨学金制度などが法律で決められて住民の住む地域には必ず小学校や中学校が建てられ、六歳になると子供達は学校に通い教育が受けられるようになった。

しかし、一九七〇年代初めの校舎は移動式テントで授業はその中で行われていた。また、経験を積んだ教員もいなかったため教員はエジプトを始め、諸外国から採用されて教育が行われていた。

一九八九年末までにオマーンには七百二十一の

学校、その他の教育機関、教員中等養成学校、さらに初めての大学スルタン・カブース大学ができた。そして小学校、中学校、高等学校に学ぶ男子生徒は、十六万五百六十一人、女子生徒は十四万四千七百三十七人になった。

一九九五年現在には、学校数は九四七校に増加し、生徒数は男子二十四万七千六人、女子二十二万七千二百八十二人、教員数は二万一千四百五十七人に達していた。

そして現在、（オマーン教育省の一九九九年から二〇〇〇年の学校統計資料による）小学校、中学校、及び高等学校教育を実施している公立学校はそれぞれ二百九十四校、四百九十四校、百九十二校、合計で九百八十校に増加している。私立学校についても教育省管轄下の私立学校は百二十三校に達している。その他、三つの特殊学校（音楽学校、聾唖学校、障害児学校）がある。また、成人学校と夜学の識字学級も設立されている。これは幼少時に教育を受ける機会がなかった人々のために設けられている。さらに、成人学校を卒業した生徒が利用する成人図書館という特別な図書館があり、文盲を一掃する役目を果たしている。

公立学校に学ぶ総生徒数は五十四万二千六十三人でそのほぼ半数が女子である。また、二万三千七百九十四人が私立学校教育を受けている。特殊学校には五百十七人の生徒が学んでいる。そして、一万八千九人が成人学校に通っている。夜学の識字学級では四千二百五人が学んでいる。教育の傘をすべての地方とすべての年齢に広げるという国民への教育の機会均等が完全な形で実施されている。

また、三十年前にはオマーン人の教員は皆無に等しかったが、現在、オマーン人公立教員は一万五千五百二十七人に達し、トータルすると平均六二・四〇％である。小学校では九五％がオマーン人教員である。

現在の主な教育制度は小学校六年、中学校三年、高校三年の六、三、三制で入学時期は九月である。しかし、一九九八年の学年の始めから現代教育の革命的な一歩が踏み出されて、オマーンは今まで以上に国際的な視野に立った教育に変わりつつある。すなわち先進国で最も成功している国際的な学習方法を教育省は取り入れ二段階に分けた基礎教育制度を導入した。

初等教育として十年、基本レベルから十年間教育を受ける制度と中等教育が二年間で大学進学準備コースである。一九九八年から一九九九年にかけて段階的に導入されているが、最終的には現在の六・三・三制がこの制度に切り替えられるという。最初の年は十七の学校が開校し、二年目には二十五校が開校した。合計四十五校である。現在二万一千九百二十三人の生徒が初等教育学校で教育を受けている。

初等教育の十年間の展望として環境に関連する科学教育・技術教育、地方社会に役立つ課外技術教育、数学、コンピューター操作に重点が置かれ、英語も一年生から開始される。

学校にはコンピューター施設や現代的な実験室、自由に研究できる実験室などの設備がある。これらの教育についても国王が直接的に教育省に助言されているという。

「自分たちの国は自分たちの手で創りだそう」

というカブース国王の指導のもとに九〇年代に入って強力的にオマニィゼイションが進められてきており、大学や各種の専門学校、教員養成学校などを卒業した若者たちが国づくりを目指して各教育の分野で活躍している。三十年前にたった三校しかなかったとは誰が想像できようか。これ一つとってみてもカブース国王がいかに偉大な王様かお分かりいただけると思う。すべての国民に教育の機会均等をはかるため、小・中・高・大学まで公立学校は授業料は無料である。いかに王様が国民の教育に力を注いでいらっしゃるか、お分かりになるだろう。

スルタン・カブース大学

教育の充実の頂点は何と言ってもスルタン・カブース大学の設立であろう。カブース国王の肝入りで設立されたオマーン唯一の大学であり、シンクタンク的な存在である。一九八〇年十一月、第十回のナショナルデーの日に広く国民に国王より設立表明がなされた。そして一九八六年九月二十日、待ちに待った大学が開校された。カブース国王がどのようにお喜びになったことかそれは想像できないくらいであったと思われる。

自分自身も英国で教育を受けられ、進歩的な考えを持っていられるカブース国王の理想とされる大学はやはりイギリス方式の教育システムが取り入れられ、男女共学である。はじめは教育、イスラム学、医学、エンジニアリング、理学、農学の五学部でスタートした。第一期生として五百十一名が入学、一九九〇年に約半分の二百八十四名が卒業した。落第がありなかなか卒業は難しいとされている。一九八七年に芸術学部が増設され、九三年には商・経済学部が増設された。現在は七学部あって、生徒数は約五千名ということである。

大学校内を案内してくれた職員のワルターさんと一緒に

オマーン日本人会婦人部の活動の一つとして私も大学見学に参加したが、この初の総合大学の十万平方キロメートルの広大な敷地には圧倒されてしまった。そのなかに茶に統一された学部ごとのビルが建ちならんでいる。ステンドグラスのはめ込まれたブルーの美しい時計台の前に噴水があって、その前に大学の本館にあたるビルがそびえている。先ず本館に入って度肝をぬかれてしまったのが、どこまで続くかと思われるほど長い二階建ての廊下である。上の廊下は女子学生の通路、下の廊下は男子学生の通路となっていて各教室に続いている。（いつも男子学生は女子学生を見上げている?）男女共学、おまけにレディファストとイスラム方式をミックスしてマッチさせているアイデアに「さーすが王様！」と感心させられてしまった。

内部の設備はアカデミックな雰囲気を漂わせながらもエレベーターもあって近代的な建築であった。特に大学が誇りにする図書館はグランドフロアー、一階、二階のペースを占めて、素晴らしい設備とコレクションが集められていてため息をついてしまった。芸術学部も見学したが、日本の放送局にも匹敵するスタジオの設備もあり、またまた、ため息をついてしまった。

医学部には付属大学病院があって、在留日本人の奥様方のお産は専らこの病院を利用されている。その他、語学センター、コンピューターセンター、教育技術センター、学生寮及びスポーツ施設等もある。また、野外には植物園や池などもあって、ゆとりある豊かな教育が受けられる場という印象を受けた。

現在、エンジニアリング学部では日本（石油活性化センター）とオマーンの共同研究が推進されている。その一つとして石油産業汚染処理技術共同研究が挙げられる。これは日本・オマーン初の共同研究であり、カブース大学にとっても大学設立後初めての外国との共同研究案件としてオマーン政府も高い評価をしているといわれている。

この大学の卒業生は官公庁や、病院、教育現場、民間企業など各分野で活躍している。

王様が国民に約束された教育による人づくりは着々と実を結んできている。

オマーンの動脈ハイウェイ

「まあ、皆さん、首都マスカットの中心部を貫いている外側と内側のハイウェイを車で走ってごらんなさい。その走り心地の良さ、スイスイ走るというのはこういうことなんでしょうね。そしてとても便利なんですよ。どちらのハイウェイを通っても同じくらいの時間でわが家へ到着するし、車を走らせながら海を望む景色は最高ですよ。その上、日本のように高額なハイウェィ料金を払うこともないのですから」

私は日本からオマーンに帰って来てこのハイウェィを車で走らせる度に、日本でたまったストレスが解消され何とも言いようのない幸せを感じる。

「王様は国づくりの名人だなあ。最初にオマーンの動脈であるこのハイウェィをつくられたことは何という賢明さなんだろう」

と、いつも感心している。勿論、ハイウェイは首都マスカットから南部の砂漠を貫いて第二の都市サラーラまで結んでいるし、オマーン各地の主要都市まではハイウェィを通って楽々と行くことができる。

マスカット市内の内側と外側に別れて走るハイウェィは、整備された三車線または二車線のアスファルト道路で立体交差されてすべるように走って行く。外側のハイウェィをドライブしながらわが家のあるルウイ方面へ向かっているとき、

「わあ！　絵になる眺めね」

と、思わず感嘆して口走ってしまう場所がある。前方にミナ・カブース湾のエメラルドグリーンの海を望む風景で両側の山が今にも海に落ち込もうとしている。オマーンの首都マスカットに到着したツーリストは、

「葡萄のマスカットと何か関係があるのかしら？」

と、想像して最初に尋ねられるが、この「マスカット」はアラビア語で「落ちるところ」の意味

で海から見た山が海に落ち込む様子を表したと言われている。私は「マスカット」の意味にふさわしい場所ではないかとひとりで決めているのだが……。さすが絵葉書にもなっている。

それに交差点は殆どが四方から入って行くラウンダアバウト方式になっている。この由来は聞くところによると、英国において馬車が乗り物の時代に、交差点で馬車同士の衝突をさけるために考えられたというものだそうである。英国に留学されていた王様は、英国のよい設備や風習をいろいろな場に多く取り入れられている。この初体験のラウンダアバウトには色々な思い出がある。オマーンに住んだことのある方々は同じような経験をされていると思うが、入るタイミングがなかなかつかめない。慣れてしまえばそれまでのことと言えるがそれまでが大変である。車が一つ向こうの入り口から走ってくるのと回ってくる車を確認しなければならず、緊張していると入るタイミングを失ってしまい、後ろの車から〝ブウブウ〟と警笛を鳴らされて思わず飛び出してしまい、何度も危険な目に遭いそうになったこともある。ジャイカ専門家として派遣されていたMさんもOさんもSさんもこのランダアバウトで事故に遭われている。また入ったはいいが、同じような出口で自分の出る出口が分からなくなり、何度もぐるぐる回りながら、「ついに出ることができた。ワァーイ！」と喜んでいたら別の出口で〝ガッカリ！〟また次のラウンダアバウトまで走って一回りして戻って来なければならず、このラウンダアバウトを使いこなすのに随分苦労したように思った。もう十年も走り回っているとスイスイ！　であるが……。

このラウンドアバウトの中の円形の敷地は芝生になっており、中心にいろいろなモニュメントが立っている。おおきな石の城壁であったり、時計台があったり、美しい噴水があったりしてそれらがコバルトブルーの空に映えて美しい。このモニュメントには、オマーンの歴史を物語る絵などがモザイク模様で描かれているのを見ていると、王様がオマーンの国づくりに如何に心血を注いで来られたかを想像することができるようだった。

三十年前、オマーンの道路は首都マスカットから、ムトラを経由して、バイト・アルファラジの粗末な空港までの八キロの舗装道路があっただけで、あとはひどい砂利路や小道ばかりだったという。

一九七〇年、カブース国王が即位されると、

「国の発展は通信と交通にかかっている」

と、直ちに運輸の問題にも取り組まれた。国際空港、海港、舗装道路の建設である。未熟練の労働者をかかえて、気の遠くなるような難問題だったらしい。が、これらの主要なプロジェクトの工事が同時に進められて三十年後の現在、陸と空と海との主要交通・通信網がほぼ完成されている。

そして、オマーン全土に及ぶ道路網の発達により、バスや旅客貨物輸送サービス網が確立された。国有のオマーン・ナショナル輸送会社は、首都マスカット地域の中心及びその周辺で二十八路線を運行している。また、エアコンやトイレ付きの豪華大型バスがマスカット・サラーラ間を走っているし、アラブ首長国連邦のドバイへ行く長距離バスも出ている。一九七〇年に建設されていた舗装道路は、わずか十キロだったが、今や舗装道路の距離数は実に六千キロメートルに伸びたのである。

私も、首都マスカットから二百四十キロメートルも離れたワヒバ砂漠へ行ったが、どんな田舎町までも舗装されていて、国民のために道路が整備されていることをじかに感じた。

日本では真夏になると、時々舗装道路が柔らかくなりぐにゃぐにゃとなっている場所をよく見かけるが、オマーンでは五十度になる猛暑の夏でも柔らかくなることがなくしっかりしているが、どのような構造になっているのだろうか？

ミート・ザ・ピープル（辺地巡行）

国民との触れ合いを大切にされる王様は年一回の辺地巡行をされている。出発されたときは新聞の一面に、"His Majesty begins meet-the-people tour"という見出しで、出発前の国王と閣僚の写真や、王様がジープを運転して出発された道路上の写真がでる。

王様は約一ケ月の間、その年に行かれる地方でキャンプ生活をしながら、その地方の隅々まで細かく見て回り国民と膝を交えてお話をされる。国政に対する国民の提言や意見や、希望を謙虚に聞かれたり、意見を交わされたり、また国民直接の問題や悩みを話し合われたり悩みを聞かれて、指導されたりする。そして、それらの国民の提言や意見を国政に反映させて、より豊かな国づくりをされている。

このオマーンの王様の辺地巡行を初めて聞いた時、私の心の内では水戸黄門さまの姿が重なり、と同時に「中東にも黄門さまがいらっしゃる」という驚きだった。

〝かつての日本人と同じような気質を持った人が中東にもいる〟と思うだけで楽しく親しみを感じた。そしてオマーンがなぜこのように急速に発展し、そして平和な国として人々が大らかに生きている理由がここにもあると理解した。

現代の日本の政治はどうだろうか。国民を置き去りにして政治家だけが派閥争いをくり返し、また自分自身の欲望のために政治を利用しているだけとしか思われないような昨今の政治の状況である。一度原点に立ち返り日本本来の「黄門さまの政治」を取り戻すべきではなかろうか。このように国民の立場を無視した現在の政治が続くならば、まっとうな日本人たちは今に日本を見捨ててしまうのではなかろうかと心配している。

さて、王様は行く先々の地方で市民の熱狂的な歓迎を受けられながら、市民が王様と握手をかわし、王様のキャンプの周りは一日中歓迎のお祭りの雰囲気であった。また王様の業績を称えて伝統的なダンスが披露されたり、ラクダレースが催されたり、夜遅くまで大合唱がひびきわたり、市民たちがどんなに王様の辺地巡行を待ち受け、そして王様に直接お会いしてどんなに感激を新たにしているか、テレビからも毎日の新聞からもひしひしと伝わってくるのだった。

例えば辺地巡行二日目の新聞には「People welcome royal motorcars」という見出しで、王様の運転されるイギリス製四駆のレンジローバーを待ち受けた地方市民たちが、王様の車に花を一杯投げかけて、フロントガラスも見えなくなるほどの歓迎ぶりのカラー写真が掲載されて、次のようなコメントがあった。

「昨日、辺地巡行の二日目にはいると熱狂的な喜びの雰囲気だった。市民はその地方の至るところから、また、となりの地方からも王様を歓迎するために集まった。彼らが持つオマーンの旗と王様の写真がまるで波のようにゆれた。市民たちは愛国の歌を歌ったり、伝統的なダンスをしながら歓迎した。その地方のすみずみまでの喜びを表すためにラクダレースが行われた」の記事である。

四輪駆動の車を自分で運転され、砂漠でキャンプ生活をされながら国民と同じ立場にたって物事を考えられるその姿勢に、オマーン国民ならずとも、誰でも尊敬の念を持つと思う。私はますます敬愛する心を押さえることができなかった。

王様を追いかけて

私はどうしても辺地巡行をされている王様に一度ぜひともお目にかかりたいと常々思っていた。またオマーン市民の熱狂的な歓迎ぶりも実際に目の当たりで見たかった。しかし、辺地巡行がラマダン前に行われることは分かっていても、勿論そのスケジュールは一般市民には秘密になっており、何時も出発されたあと新聞で知るのだった。

私もオマーンの人々と同じくらい王様を敬愛しているが、所詮外国人である。新聞でいらっしゃる場所を知りオマーン人に「今から行って私も歓迎したいがお会いできるだろうか」と尋ねても「いや、行ってももうそこにいらっしゃらないかも知れないよ」と答えられてやはり警戒されているなと感じてしまったことが何度かあった。しかし、私もオマーン滞在八年目ともなれば、それも同じAホテルに長く住んでいるお陰で、レセプションで働いているオマーン人や、ホテル専属のドライバーのオマーン人とすっかり顔なじみになり、信頼関係も自然にできてくる。それにアラビア語で朝晩の挨拶もできるようになると私は〃オマーンが大好きな人〃というように認識してもらえるので、警戒心もなくなってきた。

一九九八年の九月三日の朝、新聞の一面のトップ記事の見出しに“His Majesty meet-the-people tour”とあって、四輪駆動を運転してシーブから出発される王様とそれを見送る人々の写真が大きくのっていた。私は〃ああ、今年もmeet the people tourが始まった〃と思いながら新聞を読んでいた。今年はアル・バテナ地方に行かれると載っているではないか、私は驚いてしまった。〃これはひょっとして王様にお会いするチャンスをつかむことができるかも知れない〃という予感がした。私は早速オマーンの地図を買って来た。オマーンの正確な地図はやっと最近できて本屋の店先に並んでいる。

アル・バテナ地方というのはオマーン湾に面した海岸線沿いの平野であり、後方に西ハジャール山脈があって地下水がでるので、農業に適している地方である。海岸線に沿って四車線のハイウエイが美しく完備されて街路樹も植えられているので、ドライブに最適である。

Meet the people tourの記事は五日位の間隔で新聞に載るので、私はそれを注意していたのだが、この時期、旅行会社からガイドなどを頼まれて少し忙しくしていたため、十月初めの新聞を見ていなかった。しかし十月九日の新聞でサハームという町に到着されたことを知った。

海岸沿いのサハームの町ならハイウェイを一直線で約二時間で行ける。この時私の決心は固まった。

「サハームへ行ってサハームの市民と一緒に王様を歓迎しよう」

Ａホテルには私が滞在して以来、三人のオマーン人専属タクシードライバーがいる。好々爺の大黒さんに似たハミス、物知りのアリ、遠いルスタークの村から来ているサルージである。彼らのタクシーはＡホテルのお客さんのためにあるので、いつもホテルの前とかロビーにいるので、殆ど毎日顔を合わせて挨拶をする。朝は「サバファアリフェール」（おはようございます）「ケファアレック」（いかがですか）「ゼン」（とてもいい気分ですよ）と挨拶する。たまには「ハートアムルーク？」（なにか情報がありませんか？）「マシアルーム」（いや、なにも今日はないのですよ）と挨拶して一日がのんびり始まる。そんな調子で八年も経ったのだから、もう身内みたいなものである。

そこで一番物知りのアリに新聞を見せて、

「辺地巡行中の王様は今、サハームにいらっしゃるでしょ。私もサハームに行って市民と一緒に歓迎したいのだけど、お会いできるかしら」

と尋ねると、彼は、

「大丈夫、その場所に三、四日は滞在なさるから、きっとお会いできますよ」

と頼もしいことを言ってくれたので、その場で行くことを決めた。彼に運転を頼み、私の車で出かけた。

サハームの町に到着して王様のキャンプをされている砂漠に行って見ると、ずっと奥のほうに王様のキャンプがかすんで見えてその手前の砂漠で通行止めになっており、警備の警官が見張っていた。これでは行きたくとも行くすべがなかった。しかし、手前の砂漠のキャンプ場には、歓迎の船が飾られていたり、オマーン国旗や王様の写真がはためいていた。サハームの町の人々や近辺の人々が大勢集まって、踊ったり歌ったりしてキャンプ場は王様を歓迎するうきうきした気分が充満していた。

私は歌ったり踊ったりしているサハームの人々のキャンプに行って、一緒に喜びをわかちあいながら、写真などを写した。

アリがサハームの町の人々に、

「いつ王様はここにいらっしゃるのか」

と尋ねると、

「明日の午後三時ごろサハームを出発されて次のソハールに行かれる」

とのことだった。

アリは私に、

「明日もう一度サハームの町に来てランダアバウトのところで待っていなさい。必ず王様にお会いすることができますから」

ということで、すっかりうれしくなった。

私は明くる日の十月十日の朝十時ごろ〝今日こそ王様にお会いできるぞ〟とハンドルを握る手も軽やかにサハームをめざして一人で出発した。

途中でとても不思議な体験をした。あと三十分もドライブすればサハームの町に到着するという時に、突然目の前が暗くなり、一瞬、私はヘリコフプターが低空飛行をしたのではないかと思ったが、ふと前方を見ると大きな白と黒の羽をもった鳥が目の前を羽ばたきながら飛び去って行くではないか。私は思わず声を出して叫んだ。

「瑞鳥だ！」

そしてこれは王様に会うことができるしるしに違いないとそのとき確信した。

王様はびっくり仰天！

サハームの町に到着すると、ランダアバウトのあたりはなんとなくざわめいた雰囲気である。そこで私は一人のオマーン人に、

「今日王様はサハームを出発されてソハールへ行かれるのですってね」

と尋ねると、

「そうですよ。多分ランダアバウトを三時頃通られると思いますよ」

という返事だった。

私は〝王様にお目にかかれる〟と思うと胸がワクワクしてきた。まだ三時頃までには一時間程間があったので、歓迎する場所としてはどこがよいかと私はランダアバウトの周辺を物色していた。そして、王様が運転して来られる方向の道路前の商店の石段に腰をかけて待っていた。そこへぽつぽつと頭にムサールを巻いて腰にハンジャルをさして杖をもち、オマーンの正装の格好をしてどこかの村の長老のような老人が二、三人しゃべりながらやって来た。そして、私と同じようにその石段に腰をかけた。

〝meet the people tour〟を歓迎する人々

「ありゃ何人じゃろうか？」

「日本人じゃろうか」

「中国人かもしれんな」

「なにしに来ているのじゃろ」

など話しているらしく、私のほうをちらちら見ている。そこへまた、三、四人の正式の格好をした長老たちがきて、お互いに握手をかわしている。その中の比較的若いオマーン人が私の方へやって来て、

「あなたは何人か？」

とたずねたので、私は日本人でマスカットに住んでいて、今日王様がここを出発されることを聞いたので、歓迎するためにここにきてお待ちしているのです、と答えると、とてもうれしそうな顔して、

「王様が好きか」

と尋ねるので私は、

「大好きです」

と答えると、さらににこにこして村の長老たちに私のことを話すと、長老たちは、みんな私の方を見てにこにこしだした。私もうれしくなってにこにこしていた。

そのうち学校の男子生徒や女子生徒を乗せたバスが次から次へと何台も王様のキャンプ場の方向にむかって通り過ぎて行った。きっと近くで歓迎する手筈になっているのだろうと思われた。なかにはバスの中から私たちにむかって手を振っている学生達もいた。みな一様に気分が高まってきているのであろう。こうしているうちにどんどんと人々が集まり始めた。真っ白いデシダーシャを着たオマーン人の勤め人や、華やかな民族衣装を着た女性もいれば黒いアバイヤを着た女性も集まって来た。太鼓や琵琶をもった楽団の一団もきて太鼓をうちならしながら歓迎の民族舞踊を道端で踊りだした。商店の前でおしゃべりをしていたオマーン人もそろそろと道路沿いに並び始めていた。

警官が一人二人と出始めて道路の端に立ち初めて交通整理を始めた。決してものものしい雰囲気でなく、なごやかな雰囲気のなかで緊張が高まってきていることを私は感じ取った。〝いよいよ来られるのだ〟と私も白のデシダーシャの人々にはさまって今か今かと待ち受けていた。

「来られた！　来られた！」

という声と大きなざわめきのなかに、先発の高射砲部隊や銃部隊の車が通り過ぎて行った。

「王様だ！」

という声に私は体を乗り出して見ていると王様がイギリス製四駆のレンジローバーを運転しながら、沿道の群衆たちに笑顔で手をふられたりて、ゆっくりと車を運転しながらこられるではないか。そしてゆっくり私の目の前を通り過ぎようとされたとき、白のデシダーシャばかりのなかに、紺色のつば広の帽子をかぶった女性の私を見つけられたときの驚きはいかばかりであったろうか、と私は想像するのである。私と王様の距離は車のガラスをへだててほんの三十センチメートルも離れていなかったといってもよいくらい接近していた。王様は私を見つけられたとたん、猛スピードを出して運転しながらランダアバウトを駆け抜けてしまわれたのだった。驚いたのは沿道の人々で、興奮して

「王様！　王様！」

と追いかけて走りだした。私も興奮してオマーンの人々と一緒になって手を振りながら

「王様！　王様！」

と追いかけて行った。

〝もう一度振り向いてほしい〟という沿道の人々と私との願いを振り切って王様はソハールの方へ行っておしまいになった。

その後、大臣たちの車や軍隊の車、荷物の車など百台にも及ぶ車が従って次の巡行地のソハールへ去って行った。

私はマスカットに帰る道すがら、王様のあの優しい笑顔とびっくりされたようなお顔を思い出しながら、

〝王様にお会いした〟

とつぶやきながら幸せ一杯な気分であった。

ポケットマネーで音楽学校

一九八七年七月一日、オマーン国立オウデトリウムのロイヤルボックスにお座りになったカブース国王は王立オマーン交響楽団の団員が演奏するベートベンの交響曲に目を閉じ耳を傾けて聴いておられた。王様の胸の内のお喜びは想像をこえるものがあったにちがいない。

〝オマーンの若者たちが交響楽を演奏している。クラシック音楽を愛するオマーンの若者達がここにいる。音楽を愛する若者が確実に育っている〟

クラシック音楽に殊の外造詣の深い王様の素晴らしい夢はまた一つ叶えられた。これも王様の理想と努力によって。

以前から日本でも音楽を愛する人に悪人はいないと言われていた。まだ私が中学教師をしていた頃から中学生に非行が出始めていて、学校側としてはその対策に頭を痛めていた。教師としては何とか生徒の非行を直したいと私も私なりに考えてあらゆる方法をトライした。音楽が好きな生徒は非行に走らないと言われていたので、お昼の放送の時間を利用してクラシック音楽を静かに聴かせたり、クラスで易しいクラシック音楽を聴く会を持ったりして、できるだけ良い音楽にふれる機会を作り生徒の荒れた心をもとどおりにしようと試みたこともあった。クラシック音楽を聴いただけで彼らの非行がそう簡単に直るはずもなかったが、

「音楽って心を優しくしてくれるね」

と、ポツンと言った非行生徒がいたが、これらは真実だと思う。

私もクラシック音楽が好きで、毎日二時間位は聴いて仕事をしているが、魂が休まるというのか、魂が洗われて生きる勇気が与えられるように思う。

王様は好きなクラシック音楽を人づくりのため、よい意味で利用しようと考えられたのかも知れない。王様は夢を実行に移される事を考えられた。

一九八五年に国王はオマーン人によるオーケストラの設立を希望されて近衛連隊の支援のもとに王立オマーン交響楽団を設置された。芸術が人間の成長にどんなに大切かよくご存じの国王は人づくりにまたもや一石を投じられたのである。

王立オマーン交響楽団の設立

二〇〇〇年六月十二日にオマーン日本人会婦人部会員たちがアザン・ビン・カイスプライベートスクールの校長先生であるスワードさんの案内で、バイト・アル・バラカにある王立オマーン交響楽団音楽学校を見学する機会に恵まれた。丁度スワードさんのご主人がこの音楽学校の音楽監督をされている関係からなかなか見学できない内部を見せて頂き、その上、リハーサル・ホールで二日後にコンサートがあるための練習風景も見せて頂くことができた。

この音楽学校はバイト・アル・バラカのカブース国王の宮殿の前の道を隔てた向かい側にあって、国王が監督できる場所にある。というのは、このオーケストラは前に述べたように国王の意志によって設立されたからである。国王のオーケストラであり、国王が望まれたらどんなときでもどんな場合でもコンサートができるように教育されているという。国王が自分のオーケストラを持たれているのは世界広しといえどもオマーンだけかも知れない。その他、サラーラには音楽隊やダンスグループも持っていらっしゃるという。国王自身もオルガンを弾かれたり、ウード（琵琶とよく似たオマーンの伝統楽器）を演奏されるという。

敷地は一万平方キロメートルの芝生のなかに総合的な教育の場の学校があって、そのなかに立派なリハーサルホールもある。王宮のなかにはコンサートホールもあるということだった。周囲には男女別の一戸建ての寄宿舎があって、見るからに清潔な建物で、音楽に未来を託した若者たちの勉学する場所としてふさわしい場所であった。

現在、百二十名の十七歳から三十二歳の団員が音楽教育の他に英語、数学、科学などの総合教育を受けながら寄宿舎生活をしている。ヨーロッパ人の先生方二十五名ですべての教育に携わっておられるということであった。

リハーサルには第一メンバーの八十二名がロンドン交響楽団の団員のイギリス人の指揮者クリストファー・アデイさんの厳しい指導を受けながら『イタリア幻想曲』を練習していたが、私たちが見学に入っても一向に動ずる様子もなく、指揮者の指導どおり繰り返し繰り返し練習を積み重ねていた。私も初めて練習風景を見たが、のんびりしたイメージのあるオマーン人が真剣な態度で弦楽器や管楽器に取り組んでいるのを見て『人間の可能性』をまざまざと見せつけられた。そして何も素地のないところから、よくぞここまで到達できたものだとただただ感心をしながら、美しい響きを聞いていた。

オマーン・シンフォニー練習風景

国王の熱意もさることながら、最初、実地に教える先生も教えられる生徒も大変な苦労だったと想像される。創立当時からのお話をディレクター・マネージャーのダービッド・ネベンスさんに伺った。

国王がオーケストラを設立したいと希望されたとき、二つの案が提案されたという。一つはオマーン人の子供たちをヨーロッパに行かせて音楽の勉強をさせるという案、二つ目はヨーロッパ人の先生を招聘して子供たちに教育をする案だった。第二案が採用されて先生方を招聘して音楽指導が始まった。

先ず第一期生は男子のみで十五歳を基準にして全国から選抜されたが、アラビア音楽を知っていてもクラシック音楽がなにかを知らない子供たちを選ぶのに、楽器の演奏に適しているかどうかなど手の形や指を見て判断したという笑い話のような苦労話もあったらしい。また寄宿舎生活のため、親や兄弟と離れなければならず、いくら王様の命令とはいえ血のつながりを大切にする家族は泣きの涙で別れということもあったらしい。しかし、『成せばなる』の言葉どおり、先生、生徒の絶え間ない努力の結果、一年後にはその子供たちが学内コンサートを披露し、二年後にはオウデトリウムで一般公開するまでの腕になった。その後、女生徒の入学が許可されて男女共学が始まった。男女共学が始められたことにより、よりオーケストラは大きく成長した。世界的に見ても女性のオーケストラ演奏者の活躍は非常に重要である。それに一〇〇%オマーン人というのも素晴らしい。現在、設立されてから十五年、その間やはり六〇%ちかい落ちこぼれもあったという。しかし、今は揺るぎないオーケストラの基礎もできて七、八、九月の夏休みを除いて毎月コンサートが開かれている。

モーツァルトやベートーベン、ヨハン・シュトラウス、ロシア音楽などお好きな国王は一般の人々にもアラビック音楽の他にも世界的にレベルの高い音楽にも触れて楽しんでほしいと願っていらっしゃるようだ。

この見学会の二日あと、コンサートを聴いたが、初めて聴いた友人が「なかなかのものだ」と批評していたということを付け加えておこう。

環境保護の先進国

私はオマーンに長く住んでいるため、時々旅行社やまた個人的にもオマーンの観光案内を頼まれる。私は喜んで美しい市内を回りながら説明し、オマーンの歴史的な場所や印象的な場所、また博物館などに案内する。

オマーンを訪れた方々の誰もの第一声が、

「緑が多くてきれいな国ですね。それに空気が澄んでいて美味しい！」

である。

特に東京とか大阪から来られた方々はオマーンの意外な美しさに感動されて、帰国されたあとも
「もう一度オマーンに行きたい」という声がひっきりなしに届く。

「砂漠とラクダだけの国かと思ったら、緑の樹や花が一杯ですね。道路にごみは落ちていないし、建物は白や茶で統一されていてほんとうに美しい国ですね」

と、口を揃えてほめられるので、すっかりこちらはうれしくなってくる。そして、

「マスカットはあまり工場地帯がないでしょう。王様はとても環境を大切にされる方ですから、国内工業の殆どはマスカットから約四十五キロメートル離れた郊外のルセイル工業団地に集められているのですよ。勿論、環境問題だけではなく、国内工業の育成も目指してのモデル工業団地ですが。それに市街の建物の高さの上限も決められているし、建物の色なども環境に適応した色でないといけないのですよ」

と、したり顔で言うと、

「なるほど、だから空気もきれいだし、建物からの圧迫感がないのですね」

と声がかえってくる。そして、私はツーリストと同じような気持ちになり、あたりを見回しながら〝だんだん緑が多くなって環境がよくなるなあ、でももっともっと緑を増やさないと〟とつぶや

く。というのは私が十年前にオマーンに来たときはほんとうに緑が少なかった。緑化運動が継続的に推進されている現在、ハイウェイの両側にはみるみる樹が植えられて、二週間通らなかった砂漠のなかのハイウェイが緑のハイウェイに変化しているのには、ここに住んでいてガイドする私の方が驚いてお客様に

「二週間前に通ったときは緑の樹がなかったはずなのに！」と叫んで大笑いされている始末ですから。

ここ十年来、市民の憩いのためのナショナルパークや海浜公園や市民公園なども多くつくられて緑の樹木が茂り、公園内は芝生で整備されている。この緑が増えたお陰で四十度以上にもなる地獄の夏の気温も二、三度は低くなってきているように私は感じているが……。

今年の二月、日本政府よりＫ大使を通して桜の苗木百本がオマーン国に贈呈されて、ジャベル・アフダル（緑の山）の標高二千メートルの国立農園に植樹された。さらに緑の増加と共に数年後は桜の花もオマーンで見られるのではなかろうか。

オマーンは毎年、五月、六月が統計的にも一番暑いと言われていて、五月、六月になれば観光客はおろかマスカットに住んでいる人々も逃げ出す準備をしているし、王様もサラーラの王宮に移られて執務をされることが習慣となっている。（サラーラはアラビア海に面していて六月から九月下旬までインド洋の季節風が吹いて霧雨が降り、日中気温が三十三度以上にならず、山地では二十度台で過ごしやすいオマーンの避暑地である）

そして、ホテルなども閑古鳥が鳴いていたのに、近頃は観光客の姿がチラホラ見られるからすご

い変わりようである。

　これは王様が環境保護に強い関心があり、現代の重要な課題と考えられて取り組まれているからである。特に自然保護に対する関心が強く、自らが音頭をとって、ウミガメ、渡り鳥、アラビアン・オリックスなどのサンクチュアリを設置されているという。アラビアン・オリックスは白い体にすらりとした弓のような長い角をもち、四肢だけが茶色の美しい鹿であってオマーンの国定動物であるが、一九七二年に絶滅した。そこでカブース国王がオリックスの繁殖対策を命じられて、一九八二年に繁殖に成功した一頭が野生に戻されて現在四百頭の棲息数が確認されているという。

　聞くところによれば、環境政策の大綱はカブース国王自身が決定されており、特に環境国王顧問をおくなど、政府首脳部の関心も強くあらゆる環境保護活動を行っていて、オマーンはこれまでにUNEP (United Nation Environment Programme) の理事に三度選出されているという。

　一九八四年五月、オマーンはアラブ諸国として初めて環境問題を専門に行う環境省を設置して、あらゆる環境問題が積極的に推進されている。現在は自治省と合併されて、地方自治・環境省となっている。一七〇〇キロメートルの変化に富む海岸線をもつオマーンの海は深く濃い青色やエメラルドグリーンに輝いており、どこまでも続く滑らかで白い砂浜とマッチして一服の絵になるようなビーチが数多くある。海が汚れていないのでダイビングのメッカでもある。こんな海をそのまま残したいと思う人はあっても汚したいと思う人はないだろう。

　そこで国内の環境政策は海洋環境保全を中心に取り組まれているそうだし、一九九五年にはオマーン海域を通過するタンカーが廃棄物などを廃棄した場合は、最大百万ドルの罰金を科すなどの規則が設定されたという。日本からも今年初めてジャイカからマングローブの専門家のSさんが派遣されてオマーンの海岸線のマングローブの生育状況の調査や繁殖に努力されている。ちなみにクルムという場所に海岸があるが、クルムはアラビア語でマングローブという意味である。

一九九一年にカブース国王によって環境保全の国王陛下賞が設置されて、第一回はメキシコの環境研究所に授与された。この賞は二年に一度環境保全に尽くした団体や個人に授与されるという。第二回はチェコの科学者に授与されている。第三回はアフリカのマラウィ湖自然公園の管理が評価されてマラウィ共和国が受賞した。

一九九六年十月、国際自然環境保護連合は、オマーンの自然資源と文化遺産の保護に対する功績をたたえてカブース国王にジョン・C・フィリップス賞が授与された。

〝環境に優しい国〟という言葉がぴったりあてはまるオマーンである。

国家基本法の公布

「ええ！　こんな素敵な王様に奥様がいらっしゃらないなんて！　どうして？　ほんとう？

……」

「江村さん、あなたそんなに王様が好きなら立候補したら？」

熱を込めて王様のことを話す私に友人たちは、一度はこうした軽口をたたく。

「そうなんですよ。若かったら立候補するんだけど。王様には奥様もいらっしゃらなければ、世継ぎの王子様もいらっしゃらないのですよ」

そこで国民はいつも心配しているらしい。

オマーン人の友人たちとその話に及ぶと、

「いやいや、王様はまだまだお若いから大丈夫ですよ」

という答えが返ってくる。

王様は国民の心配をきっと知っていらっしゃったに違いない。

一九九六年十一月七日に王位継承についての国家基本法（憲法）第五条を公布されて国民を安心させられた。この国家基本法は七つの章と八十一の条項からなり、国家機構と基本的人権のあらゆる面を成文化している。

さて、第五条は、
一、王位が空位になったときは、三日以内に「王族会議」で後継者を決めること。
一、その後継者は三代前にさかのぼっての王族のなかからの男子後継者に世襲されること。
一、正統なイスラム教徒の両親をもった嫡出男子であること。
一、王位継承者は健全な精神を持ったイスラム教徒であること。
一、「王族会議」で後継者が決定できない場合は、国王が「王族会議」宛の書簡で指名した次の国王を国防会議が指名する。
以上を新聞で一般に発表された。決して秘密にされないところがいいし、三代前の王族の中から広く、より立派な後継者を選んでほしいという国王の願いが込められているような気がする。国民が納得できるようにという思いやりの心と共に、いつも国民のことを考えられている王様、さらに人気が増したことはいうまでもない。

政治に新風を吹き込む

カブース国王は一九九七年十二月十七日に内閣の大改造を行った。そのときに政界に新風を吹き込んだ。その日、新聞を読んだオマーン人は「あっ！」と声を上げて驚いたにちがいない。そこにはテクノクラート出身の若い四十代のスルタン・カブース大学の三人の博士が大臣に抜擢されていたからであった。

◎　農業・水産相　アハメド・ビン・アル・ロワヒ博士
◎　石油・ガス相　モハメド・ビン・アル・ロムヒ博士
◎　地方自治・環境相　イサ・アル・アラウイ博士

一九九六年から三年間、J石油の所長としてオマーンに滞在されていた新井さんは、日本人会新聞「さらーむ」の編集委員で一緒に編集の仕事をして親しくお付き合いした仲である。「さらーむ」は第三代オマーン大使であったO大使が発案されて一九八九年に創刊号が発行され、その灯を消さぬようにともう十年以上も続いているオマーン日本人会の新聞である。その新井さんから内閣改造にまつわったお話を聞いて大喜びをしたことがあった。新井さんの友人で、現在は若き石油大臣のドクター・アル・ロムヒがまだ、スルタン・カブース大学の助教授で研究に力を注がれていた時、それは一九九七年十二月十六日だったという。その日、王室秘書室から「今日は仕事をしないで家に帰って必ず四時のニュースを聞くように」と言われたそうである。そこでロムヒ博士は家に帰って四時のニュースを聞くと、自分が石油大臣になったというニュースではないか。もうびっくりするよりもおったまげたらしい。その話を新井さんから聞いて「さーすが王様」とまたまた喜んでしまった。

新井さんは一九九九年の二月号より四月号までの「さらーむ」に「石油大臣と私」というテーマでロムヒ大臣との親交についての興味深いお話が掲載されているので、新井さんの許可をいただいて、その一部分の抜粋を掲載させて頂いた。

「石油大臣と私」

（大臣就任編）

ジャペックスオマーン　新井雄正

ロムヒ大臣と私は、彼が勅命により石油大臣に任命される以前からの知り合いでしたので、石油大臣に任命された経緯や彼の人なりをご紹介致します。

彼と私の出会いは一九九七年の春でした。

当時、スルタン・カブース大学石油工学科の助教授であったドクター・ロムヒが当社を訪問したときでした。用件も終わって、世間話をしている内に、彼が短期間ではあるが早稲田大学資源工学科へ留学したことがあること、私がそこの卒業生であることがわかり、意気投合しました。

それからと言うもの、週に一回は私のオフィスを訪れるようになりお茶を飲みながら一〜二時間は話し込んで行くようになり、話題は古今東西の歴史、文化、宗教、科学技術、と広範に亘りました。特に熱心だった話題は明治維新以後の日本の文明開化がどのように行われたかでした。オマーンは一九七〇年にスルタン・カブースがそれまで鎖国政策を執っていた父、国王を追い出して政権を握り開国した国で、日本の明治維新に似た経験をもっているのです。開国のおかげで外国資本も入り、石油も順調に見つかり、一九九七年当時、百六十万人ほどの人口に対して九〇万バーレル／日の石油収入がありました。これは国民一人当たりのGDPで言えば六千ドル近くになりました。この石油収入で、インド、パキスタン、バングラデッシュ、フィリピンなどからの安い賃金の労働者を受け入れ、道路、公園等の清掃、建設現場労働など、肉体重労働は彼らにやらせ、行政府、銀行などの頭脳労働は欧米技術者、コンサルタントに任せ、オマーン人はデスダーシャ（民族服）を着て、エアコンの効いたオフィスで書類にサインするだけの仕事、これがオマーン社会では当たり前のことになっていました。しかし、石油収入は無限に続くはずがありません。石油収入がある内に、十分生活レベルを維持していけるだけの産業を確立しておく必要があります。ドクターロムヒと私はこの点について、日本の明治維新、開国後の日本の歩みを例にとって議論したのでした。

オマーンの開国後と日本のそれとの違いは、石油からの巨大な収入を短期間に得た国と、それも独自の技術と資本に拠ってではなく外国の技術と資本によって得たと言う国と、陶器、絹織物など

ロムヒ石油大臣と新井さん

僅かな輸出品しかなく長く貧しかった国との違いでしょうと私は説明しました。オマーンはその石油収入で労働者を輸入し、欧米から科学、技術者を長く雇うだけの財力が有りますが、外資に乏しかった明治日本は欧米先進国から技術者、大学教授を沢山受け入れはしたものの、乏しい外資の中から一般公務員の百倍〜二百倍と言われた高給を払い続けるわけにはいかず、若い日本人が寄ってたかって知識を吸収、「もうこれ以上教える事はない」となればとっとと送り返してしまいました。ところが神から授かった豊かな石油収入があるオマーンでは、「難しいことは欧米技術者、コンサルタントにお任せ」で、「彼らに出来ることはこれからは自分たちでやる」という気迫に欠け、だらだらと外国人を雇い続けているのでした。

「外国人はお金のためにオマーンへ来て働くのであって、本当にオマーンのために働くのはアメリカ人でもなくイギリス人でもなく、日本人でもなく、オマーン人だけだ」

「貴方のスルタン・カブース大学でも出来るだけ早く外国人教授から知識を吸収し返してしまうべきだ」

と私は彼に説きました。

そうこうしている内に、一九九七年十月に、

「早稲田大学の研修生を受け入れることになった。スルタン・カブース大学での研修後、ジャペックスの原油生産現場を見学させてもらえないか？」

との申し入れがあり、私は、

「喜んで迎える」

と返事をしておきました。

それから暫くして研修生を迎える時期も近づいて来たので打ち合わせをしようという事になり、私が彼を訪問し、打ち合わせが終わったら大学内を見学させてもらうことにしました。

それが十二月十日のことでした。そして、十二月十七日に出社してみると、オマーン人社員が新聞を読んで大騒ぎをしています。

「所長の友達のロムヒ助教授が石油大臣になった！」

私もびっくり仰天！

新聞記事を確認の上、ロムヒ助教授に早速就任祝いのe–mailを発信致しました。

突然の大臣就任なので親戚やら大学関係者や石油鉱物省関係者の来訪で大騒ぎしている時であろ

う と思ったのですが、三十分もしないうちに「ありがとう」と返信がきました。お祝いの言葉を直接伝えるために、

「会いたい」

と面会を申し入れると、十二月二十日には初閣僚会議があるので、翌二十一日午前十時に会えると言ってきました。

二十一日に石油鉱物省大臣謁見室に待っていると、大臣室からロムヒ新大臣が頬をやや紅潮させ、突然の大臣就任の興奮を残したまま入って来ました。

私はお祝いの言葉を述べるとともに、

「これからはドクター・ロムヒではなくロムヒ閣下（Your Excellency）と呼ばなければならないですね。閣下と呼ばれる気分はどうですか？」

と聞くと、

「自分が大臣になった実感がなくよく分からない」

と言っていました。

「ところで先日大学で会ったときは大臣就任について何とも言っていなかったではないですか。隠していたのですか？」

と聞きますと、

「あの時点では何も知らなかった。翌日から川村さん（石油鉱物省顧問、既に帰国）の案内で、油田水から油分を取り除くのに有効と思われる粘土鉱物の一種アタバルジャイトをサラーラの近くに

採取に行くことになっていたが、急に王室秘書室からしばらくマスカットを離れないように、そして、十二月十六日の午後四時のラジオのニュースを聞くようにと連絡があり、出張をとりやめた。そして、そのニュースで自分が石油大臣に任命される勅命を聞いて初めて知った。自分とは縁のない王室秘書室からの連絡があった時に、なにかあるなとは思ったが、まさか石油大臣に任命されるとは夢にも思っていなかった。びっくりした」

とのことでした。

「カブース国王に今まで拝謁したことはあるのですか？　国王は以前から貴方を知っていたのですか？」

「拝謁したことはない。私のことは知らなかったと思う」

「勅命であるからカブース国王が決めたことであろうが、誰が貴方を石油大臣にするように推薦したと思いますか？」

「全く解らない。国王としては国際的にも通用する人物を大臣に任命したかったのではないか？」

「昨日初閣僚評議会で国王に拝謁した時に、なぜ自分が選ばれたのか聞いてみなかったのですか？」

「そのようなことは聞けるものではない。任命の理由が解ったら新井さんに教える。任命されたからには、国王のため、オマーン人のため、私の全生命を捧げる」

「ところで先日打ち合わせたことであるけれど、日本人研修生の空港への出迎え、宿舎等についてどうするつもりですか？　まさか大臣直々のお出迎えでもないと思いますが？」

「予定通り私が出迎え、私の家に泊める」

ロムヒ大臣はその通り実行し、当の研修生は目を丸くして感激しておりました。
以上オマーン日本人会新聞「さらーむ」より

若いロムヒ石油大臣は現在もオマーン政界で活躍中である。

女性の社会進出すすむ

カブース国王は国家諮問評議会（マジュリス・アル・ダウラ）や国民諮問評議会（マジュリス・アル・シューラ）などを次々設置して、国民が国事に参画する機会を作り、政治の民主化を図っている。特にシューラ議会は各州を代表する議員からなるが、一般選挙から選ばれた候補者のなかから選出されている。現在二名の女性議員がいる。

二〇〇〇年になった今、政界にますます新風が吹き込まれて、女性大臣もそのうち誕生するに違いないと私は期待している。というのはカブース国王はイスラム及びオマーンの伝統をふまえつつも先進的な考えをもっておられて、スルタン・カブース大学も男女共学であるように、男女平等を提唱されているし、女性の社会進出を奨励されており、能力のある女性、働きたい女性のために社会は大きく門戸を開いている。現在、先進国なみに研究者、医師、官公庁や民間企業の管理職、教員、パイロット、婦人警官等、あらゆる分野で活躍しているし、現在政府高官には三人の女性が就任している。

第四章　ナショナルデー

建国三十周年の年

オマーン国にとって十一月十八日のナショナルデーは国をあげての最大の祝賀記念日と言ってよいだろう。十一月十八日は建国の父と呼ばれる現カブース国王の誕生日である。この十八日を中心にして毎年盛大な祝賀行事が繰り広げられる。

わずか三十年の間にオマーンが驚異的な発展を遂げたのは、ひとえにカブース国王の偉大な指導力の賜物に外ならない。そのことはこの三十年を見つめてきた一人ひとりのオマーン国民が一番よく知っている。だからこそ国民はこぞってこの日、王様をこころから称えるのだ。

三十年前のオマーンは鎖国政策をとり、近代化に背を向けた未開発国であった。学校が三つ、病院が一つしかなかったことを聞いても、当時がどんなにひどい状況だったことが想像できる程である。

一九七〇年にカブース国王が即位されてからの目覚ましい発展はもう既に「素敵な王様の章」を読まれた読者はご存じの通りである。

一九九〇年十一月十八日は、カブース国王が即位されて二十年、建国二十周年にあたった。私がその年にオマーンに滞在していたことは何と幸運であろうか。

「今年は二十周年記念だから特に盛大な祝賀式典が行われるそうよ」

「え？　そうなの」

「王様は十八日には祝賀式典に出席されて演説をされるのよ」

「その祝賀式典に出席して、王様の演説をお聞きしたいわ。私も式典に参加することができないかしら？」

「その祝賀式典には招待状がなければ入場することができないのよ」

「その招待状を何とか手に入れることはできないかしら？」

「大使館とか専門家の方々には来るらしいから尋ねてみたらどうかしら」

私は十八日に行われる王様の演説を是非とも聞きたいと考えていた。また、敬愛する王様のお姿を一目見たいと心底思っていたので、手当たり次第に皆さんに尋ねて回っていた。ジャイカから派遣されてオマーンの水資源省に勤務されていたSさんはオマーンの水資源省ではなくてはならない専門家であった。オマーンは年間に四、五回しか雨の降らない国であるから水資源は重要な資源である。勿論、井戸もあるし、ファラジ（伝統的灌漑水路）もある。しかし、特に降雨量の少ない年は深刻な水不足に悩まされる。近代化が進み人口が増加するにつれて水の需要量も上る。現在はH造船の造水プラントによって、オマーンには六基の海水淡水化装置が活動して市民の喉をうるおし、樹木の緑を増やしている。しかし、内陸部などは飲料水その他、すべての水を井戸やファラジやワディ（涸れ谷）に頼っているので、Sさんはその水資源の発掘調査や研究のため、六年間以上もオマーンの水資源省で働いておられた異色の存在だった。

Sさんは「ナショナルデーには今まで何回も出席したので今年は出席しませんから」とおっしゃるので、奥様の招待状を私が代わりに頂いてどんなに喜んだことか、お分かりになるだろう。

十一月になると建国二十周年のナショナルデーのために、華やかな飾り付けの準備がなされていった。ハイウエイの両側にはイルミネーションがとり付けられ、十メートル間隔に色鮮やかな蝶や造花が高く飾り付けられた。日中はそれらが風にひるがえりナショナルデーの気分をいやがうえにも盛り上げていった。ハイウエイの陸橋の中心には王様の写真が飾られて、国民に優しいまなざしと微笑を投げかけていた。十日の夜からイルミネーションは点灯されてオマーン国全体が輝き、どこもかも光の競演であった。陸橋の上から一晩中ハイウエイを見ていてもあきないくらいの美しい光の海であった。近づくナショナルデーと共に国民の心も弾んでいくようだった。十七日の前夜祭にオールドマスカットにあるアラム王宮（主として国事を行う）を訪ねて見た。王宮全体が赤や青や金色のイルミネーションに煌々と輝き、大きな王様の顔写真が飾られていて、私もこの光の世界に夢見心地であった。

ワタヤ王立警察スタジアムへ

「記念式典は午前八時頃から始まるのですが、六時頃までに会場に行かないと入場できませんよ。

地方からも大勢のお上りさんが来て大変な混雑ですからね」

と、Sさんからアドバイスをうけて、早朝五時に起きてワタヤにある警察スタジアムに車で向かった。外はまだ暗い。

「ワタヤって確かこの方角だと思っていたのだが？」

と、迷いながらハイウエイを走っていると、向かい方向から団体客を乗せたバスが何台も何台も来るではないか。そこで私ははっと気が付いた。地方からのお上りさんが記念式典に出席するためにバスを連ねて来ているのだと。

〝あのバスの後について行けば、きっとスタジアムに行けるに違いない〟そう思った私は次のランダアバウトで一回転、次から次に来るバスの後についていくことにした。もたもたしている間に空は白み始め、その頃には目の前に警察官が一杯いて、スタジアムへ行く道路を誘導してくれた。私の勘は見事に当たった。駐車場からスタジアムまで行くのに広すぎてたいへんだった。その大きいスタジアムを見上げたとき、全く驚いてしまった。

大きすぎて自分の席のある入り口が分からないのである。そこは持ち前の前向き思考の私のことである。

「えぃ！　どこからでも入ってしまえ」

と、入ろうとしたら、

「この入り口は男性専用ですよ」

と、ストップをかけられてしまった。

ナショナルデーに集まった観客

「えっ？」

と、私は一瞬何のことだか理解できなかった。

そして、やっと気が付いた。ここは日本でなくイスラム教国のオマーンであったと。男性と女性は同席できないのだ。私は人々の間をかき分け走り回り、格好いい制服制帽のお巡りさんに尋ねた。

「女性席はどこでしょうか？」

「もっと東側ですよ」

あたりは大勢の小・中・高・大学生の女の子が白いスカーフを頭にして先生の指示に従って団体で待っている。

「あっ、このあたりだわ」

やっと捜し当てて、アバイヤ姿の女性の後ろに並んで入場した。空港と同じような荷物検査があり、女性警官に身体を上からさわってもらって入場できた。

スタジアムに入って、その広さや立派なことに更に驚嘆した。オリンピックスタジアムとほぼ同じ広さがあり、勿論アルプススタンド席で、向かい側の観客席の人々が小さく見える。

「わあ、すごいなあ」

と目を白黒させてしまった。まだ、午前七時過ぎだというのに満員に近い。顔まで隠した黒のアバイヤ姿の女性の集団は多分田舎からのお上りさんであろう。まだまだ、昔のままの風俗を残している。全身真っ黒のアバイヤ姿は、まるで黒子の群れで最初は不気味な感じがしたが、慣れてしまえば見る方はなんとも思わなくなっているが、着ている女性は顔まで隠して、さぞかしうっとうしいことだろうと想像する。また、大きな黒い目だけを出して高い鼻を黒い鼻の形をしたマスクで隠していて、からす天狗などと言っている人もあるらしいが、これこそなんとなく恐ろしいような気がする。都市や都市周辺の女性は顔を隠している女性は殆どいない。スカーフだけを頭に被り、カラフルなアバイヤをファッション的に着ておしゃれを楽しんでいる。

女性席は黒に赤や黄色や緑、青などのアバイヤで、まるでアバイヤのファッションショーである。その華やかな席の真ん中に私も腰を下ろした。

王様の席は正面の貴賓席である。その両側は世界の各国から招待されたＶＩＰや大使の観覧席である。各国の報道陣たちの顔も見える。そして我が女性席は左側のアルプススタンドに位置する。何とか王様の左半身が見える位置である。何としてでも王様を拝見したいと、あっちこっちと席を移動しまくっていたこの日本女性をいやな顔一つ見せないで温かく見守ってくれたオマーン女性たちだった。

王様の御到着

「いくら敬愛する王様でも国民をこんなに待たせちゃいけませんよ」

と、言いたくなるくらい待った。

「もう、そろそろ来られるわ」

と、言ってから一時間、十時近くなってヘリコプターで来られた。王様が来られたと同時に礼砲が打ち鳴らされ、空軍の戦闘機が飛行雲を出しながら機列を縦や横に変えたり、上下に上がったり下がったりする演技を披露した。また、向かい側の正面からは騎馬隊や騎馬軍楽隊が演奏しながら入場してきた。

「かっこいい！」

と私は思わず叫んでしまった。真っ白い馬に跨がった騎馬隊は鮮やかな緑色の制服に胸に赤や金モールで装飾がされている。中世風英国調の先に赤い房のついた帽子をかぶり堂々の行進である。その後から騎馬軍楽隊が今度は黒い馬に乗って同じ制服で吹奏楽を演奏しながらスタジアムの周囲を行進していく。

今度は歩く軍楽隊や警察音楽隊が演奏しながら正面に向かって行進して来た。王様は音楽にも造詣が深い。その後に陸・海・空の軍隊の行進が続く。すべての制服がしゃれている。軍楽隊はスコットランド調である。ベレー帽をかぶり、ダークイエローのケープをきて、タータンチェックのキルトスタイルで楽器を演奏している。その他の連隊も白い制服を着てオレンジ色のベレー帽をかぶったり、赤い制服には白色のベレー帽、黒い制服には空色のベレー帽という風に色彩もあざやかで颯爽と風を切って行進している。

オマーン国軍最高司令長官である王様は若き日に英国に留学され、サンドハースト王立士官学校を卒業されている。その後、英国陸軍歩兵大隊での作戦任務や、西ドイツ駐留英軍参謀として実地訓練を積まれているので、経験豊富な職業軍人として、国軍の精鋭化と軍全般の福利厚生に深い配慮を示されているし、定期的に陸海空で展開される軍事演習にはいつも参加されている。制服にも王様の美に対する鋭いセンスが生かされているように思った。私は礼砲の音と共に、待たされた事などとっくに忘れてしまい心は高鳴り、空を飛ぶ飛行機の演技を見たり、晴れやかな行進を見たり、写真を撮ったりしていて、気が付いたら王様が着席されていた。王様を始め全員が起立して、オマーン国歌が演奏され式典が始まった。

軍隊を前にしていよいよ王様の演説である。王様も起立された。

「オマーン国民の皆さん、オマーンを愛している国王の私も国民の皆さんもお互いに力を合わせて、この国の発展のために尽くそうではありませんか」

と、力強い声で国民に呼びかけられた。そして説得力のあるその演説に国民は聞きほれていた。そして感動的な演説の場面になると、国民からは拍手とどよめきが沸きあがった。その熱のこもった演説たるや、なかなか終わらない。十一月とはいえ、その日は特に暑くなり気温は午前十時頃には三十度を越えていた。

先程、軍楽隊を先頭にして入場した千人程の軍隊が、正面に直立不動の姿勢で立って王様の演説

を聞いている。三十分程すると、

「パタ」

と、小さな音がしたように思った。その音のした方を見ると正面に立っている兵隊の一人が直立不動のまま倒れている。待ち構えたように後ろのほうからタンカを持って救護班の兵隊が走って来て倒れた兵隊をタンカに乗せて走り去って行く。すると今度は、

「パタ、パタ」

と二人程が倒れた。まるで立ち木が倒れるようであった。また救護班がきてタンカに乗せて走り過ぎて行く。それに続くように、あっちでもこっちでも、

「パタ、パタ、パタ、パタ、パタ」

と、次々将棋の駒が倒れるように兵隊が倒れて行くではないか。きちんとした軍隊服を着ている上に暑さは三十五度以上になっているから、日射病にかかって次々倒れて行くのだ。私は王様の演説どころではなかった。早く手当をしないと脱水状態になって死んでしまうに違いない。私はやきもきしながらそっちばかりを見ていた。やっとタンカが五台ほど駆けつけて倒れた兵隊を次々と運んでいった。

やっと、王様の演説はおわつた。一時間におよぶ長さだった。

そして、次の年からのナショナルデーは夜に始まるようになった。

お祝いの民族舞踊

お祝いの民族舞踊

演説が終わると静かだった会場は、お隣の人とおしゃべりをしたり、背伸びをしたり、足を伸ばしたり、ぐっとリラックスな雰囲気になった。三万五千人程入れる観客席は殆ど満員だった。

この後、国民がカブース国王を祝福して、伝統的な民族舞踊が繰り広げられて行った。王様はたいそう民族舞踊がお好きということである。オマーンの各地方には、伝統的な民族舞踊が多くあって、お祝いの時には民族衣装を着て踊る。自分の国の音楽に合わせて踊ることの楽しさは、私も幼いときに参加した故郷の盆踊りなどで十分よく知っている。このオマーンの踊りも泥臭い踊りであるけれど、素朴な匂いがしてなんともいい。

白いデシダーシャにベルトをしめて手に長い剣をもった一団が剣の踊りを見せながら入場して来た。その次には上半身裸で黒い腰布を巻いて剣をもった一団が口々に王様を称え、勇壮な踊りを披露しながら場内を回って行った。その次は赤いおそろいのコッフェルというオマーンの帽子を着た一団が踊りながら、その後に続くというように、それぞれ各地方の民族衣装を着て何千人という人々が踊りながら王様を祝福していた。

その人々の踊りのうねりは寄せては返す大波のようでスタジアムの中をとどまるところをしらなかった。

まして、今日はカブース国王が即位されて二十周年記念のナショナルデー、二十年間でオマーン国の目を見張るようなこの発展、誰がこのような国に変化することを予想したであろうか。

ラクダレース

国土の八〇%が砂漠と土漠であるオマーンは〝砂漠の船〟としてラクダは欠かせない大切な動物である。今はマスカットなどの都市では見られないが、少し田舎にいくと悠々と散歩している。そして、私たち日本人は今までラクダを見たことがなかったので、

「あっ！　ラクダだ」

といって大喜びしてしまう。サラーラに行った時のことであるが、車で市内見学していたとき車が急に止まってしまった。何事かと外を覗いて見れば、ラクダが悠々とアスファルトの道を横切っている。〝ラクダ様のお通り〟である。このラクダ様のお通りを待っているのが、砂漠の国では当たり前である。もし、このラクダ様を車が轢くようなことがあれば、五十万円～百万円という高額な

損害賠償を支払わなければならないということである。それくらい車のある現在でも重要な動物である。このオマーンに伝統的な競技としてラクダレースがあるのも当然かも知れない。しかし、「所変われば品変わる」とは、よく言ったものだとつくづく思ったものであった。

オマーンの各地でこの伝統的な競技はよく行われているということであるが、例年このナショナルデーの翌日の十九日にシーブで行われるラクダレースは特に有名である。オマーンでは日中は気温が上がるので、このラクダレースは気温の上がらないうちにと日の出と共に始まる。この伝統的なラクダレースを見るために、当時の日本人学校は、生徒、父兄、教師共々合同見学会を行った。これが生徒数十人位の小さな学校のよいところで、J石油会社の協力を得て、ジープを回して頂きそれに乗り込んでシーブの平原に向かった。ラクダレースの行われるのは、シーブ地域の黄金色の大平原である。見渡す限りの大砂漠の大平原である。こんな大平原があったのかと、また新しい驚きを体験した。既に五キロにわたるレースコースの両側にはロープが張られてロープの外側から見学や応援をするようになっている。

警察騎馬隊の姿も見えて警戒にあたっている。白いデシダーシャを着て頭にムサールをまき、腰に立派なハンジャルをさしてサンダルをはいた正式な服装をした年配の威厳のある方を多く見受けた。ナショナルデーの記念祭典の日であるからであろう。

若者達はオレンジ色や茶色のファッショナブルなデシダーシャを着て見に来ている。いかにも若者らしくおしゃれをして来ている。

大勢の外国人の観光客もいるし、報道関係も来ていたり、きっとラクダレースは名物になっているのだろう。だんだん人も多くなって来た。私たちも三キロ地点当たりに陣取り、始まるのを待っていた。

皆さん、このラクダレースの騎手は誰だとおもいますか？

私も今の今まで、大人の騎手とばかり思っていたのが、違うのですよ。スタート地点に行って見てください。

なんと可愛い五、六歳の子供達がムチを右手に持ってラクダにまたがり、今か今かとラクダレースの始まるのをまっているのだ。何と騎手は子供達だった。

「スタートしたぞ」

と叫ぶ声にみんなロープまで近寄った。はるか彼方から土煙をあげてラクダがすごい勢いで走ってくる。ラクダのコブの後ろに子供が乗っていて、ラクダの首にかけられた手綱を左手で持ち、右手に鞭を持って掛け声をかけながら、猛烈な勢いで目の前を走り過ぎて行く。勇敢なレースである。

次々と八頭くらいずつスタートしてくる。まるで映画のシーンを見ているようだった。

「すごいスピードで走ってきますね」

「子供達はさすが手綱さばきがうまいもんだ」

「あんな小さい子供達がラクダの背中に乗って競走するなんて、やはり勇気があるのですね」

「さすが遊牧民の子供達だ」

この子供達は毎日ラクダに乗って家の仕事の手伝いをしたり、また、ラクダと遊んだりしているに違いない。そして、このラクダレースのために毎日練習に励んでいることだろう。

しかし、どこの国にも親馬鹿はいるものである。向こう側のロープの外側から、親や兄弟の乗ったジープが子供の乗ったラクダと一緒に走り、大声をあげて子供を応援している。オマーンの風物ともいえる勇敢なラクダレースであった。

学生たちのマスゲーム

十九日のラクダレースの行われた夜、今度はバウシャーという地域にあるスルタン・カブース競技場で学生達のマスゲームの祭典があった。この競技場はカブース国王がマスカットの近くのバウシャーに敷地面積四十四ヘクタール、オリンピック競技場並の広さを持つ競技場を建設され、全国の青少年に贈られたものである。その名の通り王様の私有財産からつくられたものである。その特徴は三万五千人の観客が入れるスタジアムがあり、オリンピック屋内競技場と同じ規模の体育館もあるし、プールもあり、二十種目以上の競技を行う設備が整っている素晴らしい競技場である。

ここで夜、王様を迎えて公立の小学生から大学生までのマスゲームが発表された。

「よくもここまで練習したものだ」

と、感心するほどの素晴らしいマスゲームであった。三万五千人の観客席はびっしりである。同じ側にある王様の席や私の席の向かい側が学生席である。座っている学生達によるマスゲームである。〝オマーン国旗〟がつくられたり、アラビア文字で〝二十周年おめでとう〟とか〝カブース国王陛下万歳〟とかが表れる。文字が光り浮き出たようになって、さまざまな工夫がこらしてあった。

競技場では、白いユニフォームに赤いベレーをかぶった大学生が国旗を持って入場、国歌が演奏され、それが終わると共にマスゲームが開始された。

何とあざやかな色彩だろう。競技場の中は民族衣装のカラーが渦巻いた。赤や青、黄色やオレンジの旗を持っての大胆なマスゲーム、小・中学生が手に手に輪を持ったマスゲームなどその華やかさに圧倒された。

最後にクリスマスケーキのような形の真っ白い馬車が登場し、可愛い王女に扮した子供達が乗って競技場を一周した。王様の前に来ると全員の学生が、

「ヒズ・マジョスティ、ヒズ・マジョスティ」

と、熱狂的なラブコールであった。敬愛する王様の前でこんなすばらしい演技ができて学生達も幸せをしみじみかみしめていたのに違いないと思われた。

この二十周年のナショナルデーの記念式典以後は、日本の国体のように各都市に移動してナショナルデーの式典が行われているので、その都市が見違えるほど美しくなっている。その都市の公立の小・中・高・大学生の学生達のマスゲームが毎年工夫をこらして発表されている。ちなみに一九九一年はアフリカ東部との貿易で六世紀頃から近世まで栄えた港町スールで行われた。スールは今もダウ船の造船所がある。一九九二、一九九三年はマスカットで行われた。一九九四年は古くから栄えた港町で、海のシルクロードの中継点であり、シンドバットの船出した町とも言われているソハールで開催された。一九九五年はカブース国王即位二十五周年ということで首都マスカットで行われた。一九九六年は六、七世紀に首都として栄えた内陸部の古都ニズワで開催された。一九九七

年はオマーン南部の首都、国王の故郷で自然と遺跡の街サラーラで行われた。一九九八年は民間企業が中心となって首都マスカットで開催された。一九九九年はあゆ染めや織物の町のイブリで行われた。

馬術競技

二十九日の夜は馬術競技がワタヤの国立警察スタジアムであった。王様は乗馬もお得意である。立派なアラブ馬を百頭以上もっていらっしゃるらしい。そういった背景からも騎馬隊にも力を入れていらっしゃることは明白である。

その夜、スタジアムに入場して驚いた。スタジアムに古城や砦が出現し照明によってそれらが浮き上がり、どこかのお城の庭に入ったような錯覚を起こすような様々な趣向がこらされていた。

馬術競技は素晴らしかった。何百頭という馬《それも威風堂々としたアラブ馬ですぞ》が旗を持った騎手と共に入場し、行進をしたり、速足になったり、隊列を組んだり、くずしたり、障害物を越えたり、いろいろな演技を披露した。

また、二頭立て馬車の競走や馬の上に立って走ったり、時間を忘れるくらいに変化に富んだものだった。最後には燃える火縄の中を駆け抜ける軽業のような演技も披露して、やんやの拍手喝采だった。

王様もさぞかしご満足されたことであろう。

こうして、二十周年記念のナショナルデーの祭典は滞りなく終わったのであった。毎年ナショナルデーの式典は催されているが、特に五年目毎のナショナルデーは大きな祝典となる。

輝けるオマーンルネッサンス三十周年ナショナルデー

街中が明るくなった

いよいよ二〇〇〇年十一月に入った。オマーンルネッサンス三十周年ナショナルデーまであと十八日となった。十月の中頃からハイウェイや市街の主な道路の中心のポールには色とりどりの花の形をした発光体のデコレーションが取り付けられた。イルミネーションの豆電球の飾りつけも終わっている。五日過ぎになると王様の写真が額に入って飾られ、オマーン国旗も立てられた。

ナショナルデーの行われるワタヤ王立警察スタジアムの入り口付近に、オマーン国のシンボル、ハンジャル（短剣）の模様が刻印された金貨がずらりと下げられた門が立てられた。勿論門の上には王様が写真のなかから〝おめでとう〟と言っていらっしゃるように見える。

官公庁街に面するハイウェイにもシーブ国際空港近くにも日本風に言えば〝祝三十周年ナショナルデー〟と書かれた門がたてられた。夜になるとライトがつけられ濃紺の夜空にくっきりと浮かびあがって、くぐりぬけると華やいだ気分が盛り上がる。十日を過ぎると、各ホテルや大きなビルディング、由緒ある邸宅、スーパーマーケットや街の商店さえも赤や緑、黄色や紫などの色を使ってさまざまな形にデザインされたイルミネーションが飾られて、思わず「きれいね」と声をあげるほどであった。ナショナルデーが近づくにつれて街中が一日一日明るくなっていった。二十周年のナショナルデーの感動を再び手にしたような気持ちだった。特に海の玄関口のカブース港から海沿いに走るコルニーシュ道路は発光体や豆電球を多く使って花とかランタンなどの飾り付けがなされて夜になればほんとうに鮮やかな街に変化してしまう。また、海にはイルミネーションで飾られたダウ船や灯りの点けられた王様の船も浮かんでいて、夜景がひときわきれいなのでベンチに座って眺めている人々やぞろぞろと歩いている人も多く、とてもにぎやかな通りとなっている。しかし、決してうきうきした感じでなく三十周年を無事迎えて喜びも大きいが、今年を大きなステップにして今後の将来のことを考えていきたいという落ち着いた雰囲気が街中を包んでいた。

今年の式典は軍隊ショー

毎年、私はオマーン人の友人の好意でナショナルデーの招待状を頂き、今年もワタヤ王立警察スタジアムで開催されたナショナルデーに出席した。今年は三時から開会されるので二時には会場に入ってくださいということを聞いたが「江村さん、皆さん車で行くからすごく混むので早めに行った方がいいですよ」とアドバイスを受けて一時頃には出発した。ワタヤランダアバウトではそろそろ混みかけていたが、警察官の誘導でスタジアムに入りこれも警察官の誘導で駐車した。オマーンの警察官はてきぱきと責務を果たす優秀な警察官が多い。オマーンが大好きでオマーンに十三年住

騎馬音楽隊の演奏

んでいらっしゃるというオランダ人のジョセフィンさんと一緒になり、意気投合して話していたら偶然座る場所も一緒で同じ青のAの入り口から入場して、建物の影になった涼しくてスタジアムがよく見える場所に陣取った。心地よい風が広いスタジアムを横切ってくるので、なんともいえぬ安らいだ気分でくつろいでいた。少し遠いが王様の席も良く見えるなかなか良い場所だった。二時すぎになると続々と人々が入場して私たちの席はほぼ満席になってしまった。私の右隣の席はご主人とお兄さんが揃って軍人なので、マスカットから二百七十キロも離れているソハールから車で飛ばしてきて参加したというオマーン人女性だった。

三時丁度になると約六百人前後と思われる陸・海・空の軍楽隊、近衛連隊軍楽隊及び警察軍楽隊が吹奏楽を演奏しながら入場してきた。赤、白、青、黒などの制服にそれぞれにマッチした制帽など軍楽隊らしいデザインのきらびやかな服装であった。スタジアムを一周したあと、正面よりのコーナーに陣取った。軍楽隊の演奏で続いて軍隊が行進してきた。その数およそ千五百人、やはり黒、白、青、赤等のしゃれた制服で胸につけた金や銀の飾りがいましも西に傾きながらゆっくり沈もうとしている夕日にきらりきらりと輝いて印象的だった。軍隊が正面に並んだあと、約二百人近くの色とりどりの中世風の冑をかぶり、旗を持って華やかに騎馬隊がそれに続く騎馬音楽隊の演奏で入場してきた。その時、ヘリコプターが爆音高らかに頭上を飛んでいった。「王様が来られたわ」とジョセフィンと不思議そうに顔を見合わせた。今年は時間どおりに王様が到着されたのだった。ファンファーレが高らかに鳴り響き、王様の到着を知らせた。やがて王様が席の前にお立ちになった。全員が起立して国歌が演奏され二十一発の礼砲が鳴り厳粛に式典は始まった。

王様は軍の最高司令長官として黒の軍服に金モールを配して格調の高い軍服姿であった。スピーチが始まった。

「オマーンルネッサンス三十周年のナショナルデーを今日迎えることができたことを神に感謝し、皆さんと共にお祝いしたい。オマーンはこの三十年の間にとても発展しました。この発展のかげにはこの国の安全と平和を達成するために軍、警察は重要な役割を果たして来ました。我々は、軍、警察が要求されている義務を果たし達成した仕事に対して感謝と誇りを表明したように、これからも軍、警察が彼らの能力を発揮できるように全能の神に更なる加護をお祈りします。また、市民の皆さんの上にも同じように全能の神の加護がありますようにお祈りします。そしてオマーンが平和な国であると共に、全世界が幸せになるように神の加護をお祈りします」

以上のような内容だったが、スピーチはたったの五分間だった。私とジョセフィンはまたまた顔を見合わせた。

王様のスピーチが終わると、オマーンルネッサンス三十周年記念のために新しく作られた愛国の歌が正面に並んだ軍隊によって合唱された。王様に忠誠を誓った軍隊の合唱の響きは力強く一般観衆の心を揺さぶり、終わったあと大きな拍手が鳴り響いた。軍隊のパレードは素晴らしく最高司令長官の王様は軍隊の敬礼を受けられた。王様が、国を守り発展させるためによく訓練され十分装備された軍隊にすると国民に約束されたとおりの軍隊であることをこの式典で国民に示された。制服で身を固めた軍隊が退場すると、今度は入れ替わりに赤、緑、青などのベレー帽をかぶって迷彩色の制服を来た軍隊が次々と入場して立派な行進を見せてくれた。その数凡そ五千人にも達した。

サラーラからの軍隊は、剣を持ち民族衣装で歌い踊りながら陽気に入場してきた。観客席からは喜んで〝ヒューヒュー〟と合いの手が入った。続いて騎馬隊が行進して子供の騎手や女性の騎手も登場した。それに続いて軍用車、装甲車、戦車などが何百台も続いた。空軍の四機編成の戦闘機や六機編成の戦闘機も頭上を飛んで行った。まさしく規律ある軍隊ショーだった。王様も最後まで観覧されてヘリコプターで爆音も高らかに帰って行かれた。

第七回　軍隊音楽祭（Tattoo）

二十日の夜八時より同じく王立警察スタジアムで王立警察隊及び軍隊による第七回の音楽祭が開

催された。スタジアムに入るとスタジアムそのものが舞台になっており、向かい正面、左右に大きなスクリーンが備えられていた。青や赤、緑や紫や黄色など色々な照明が取り付けられて、それだけでも観客の興奮をくすぐりそうだった。

王様は一昨日と同じように軍服姿で観覧された。王様の前には警察隊及び軍隊が整然と並んでいる。この日、国歌が演奏された時に観客の市民は全員起立して唱和した。王様と国民の心が期せずして一体となり融合して新たな感動に満ちあふれた。

その後、音楽祭はスタートして国歌軍楽隊が行進しながら、いろいろな曲を演奏した。軍楽隊が演奏する音楽に合わせて軍隊が行進をすると、それにあわせて観客全員が手拍子をするなど、リラックスした気分で会場は盛り上がっていった。夜空に青いライトや赤いライト交錯すると夢見心地の気分になった。その上に、一つ一つの出し物が終了すると、向かい正面の後から花火が咲き乱れる花のように続けて打ち上げられるので、もう観客は大喜びだった。警察隊のオートバイ部隊はスタジアムを舞台にまるで曲芸団のような演技を披露するし、陸軍の隊員はオートバイの上で倒立したり、いろいろな演技をみせてくれたり人間で堅固な城を造ったりした。空軍の落下傘部隊はすいすいとスタジアムの上を回りながら降りてくる。また海軍部隊は高いマストの上に登り、降りるときは綱を伝わってサーカスのように敏速に降りてくるのだった。警察隊の空手部員は勇壮な空手の演技を披露した。勇敢でロマン満ちた各軍隊の演技に観客は惜しみない拍手を送った。この音楽祭にはジョルダンの軍楽隊とアメリカ海軍の吹奏・鼓笛隊が賛助出演した。最後は“Peace Operetta”というタイトルで近衛連隊の軍楽隊と合唱隊が出演して壮大な演奏を繰り広げて終了した。観客はこの一大ページェントに酔いしれて、拍手喝采をいつまでも送っていた。

王様はこうした軍隊の活動はオマーンの平和と安全のためや市民の保護のためにあることを知らせ、具体的な軍隊の活動を通して平和の大切さを世界に広げて行かれるつもりである。

三十周年ナショナルデーはこの軍隊ショーを通して改めて平和の意味を国民に投げかけられた意義のある祭典であった。

ナショナルデー記念ラクダレース

十九日の八時よりマスカットより約六十キロ程北にあるバラカという町の手前のアル・フレッグのラクダレース競技場でラクダレースが行われた。この競技場は二十周年ナショナルデーの三年後くらいに完成している。レースコースには赤い柵ができて観覧席も完備している立派な競技場である。毎年、ナショナルデーの記念レースとか、国の祝祭日があるときに行われている。

朝の涼しい間の八時から始まるので六時半頃車で出発して約一時間後、レース競技場に到着した。レース正面の観覧席はオマーンのナショナルデーに招待された近隣各国からのゲストで一杯だった。レース場の前ではレースが始まる前のひと時、イブリから来た民族舞踊をする人々が歌を歌いながらステッキを上げたり下ろしたりして、民族舞踊を披露している。のんびりとしたオマーンらしい光景である。八時にオマーン側からのナショナルデー記念レースについてのスウエイニ国王特命代表の挨拶がありレースが始まった。私は三回目の観覧であるが、可愛い五歳くらいの豆騎手は今は赤や黄色、緑、青などのヘルメットをかぶって見違えるほどきらびやかで可愛い衣装を着て、むちをラクダに当てながら軽快に走ってくる。一度に二十頭くらいはるか彼方から走ってくる。現在は五キロのコースということであった。このレースにはオマーンのあらゆる町から参加しているそうである。レースコースの外側には十年前と同じように、豆騎手を応援する家族や友人の車が一緒に走ってくるのでその賑やかなことは言うまでもない。一レースが終わると、三位まで入賞したラクダが飼い主に連れられて正面まで闊歩して顔見世をする。拍手をもらって得意げな顔をして帰っていく。聞くところよると、賞金もでるそうである。

次のレースまで三十分ほど間があるので今度は民族衣装を来た高校生の男女がタボール（オマーンの太鼓）をたたきながら歌を歌い、民族舞踊を皆さんに披露した。オマーンの民族舞踊は二拍子なので調子がとりやすく一緒にダンスに参加する陽気なオマーン人も大勢いた。二回目のレースの後に、正装した子供がナショナルデーのお祝いの言葉をしっかりした口調で述べた。大きな拍手が贈られたことは言うまでもない。第三回目のレースの後では、同じ高校生による民族舞踊だったが、バグパイプを鳴らしながら若者らしく、軽快な舞踊を披露した。第四回目のレース、第五回目のレースと続いて最後に表彰があり、名前を呼ばれた人たちはスウエイニ国王特命代表から賞品をもらって応援の皆さんに披露していた。走り疲れたラクダはトラックに乗せられて丸い目を一そう丸くしながら、各地方に帰って行った。

第五章　ラマダン

逆転の一ケ月

一九九五年のラマダン（断食月）は一月二十日から始まった。

イスラム教国にとってラマダンは聖なる月の大きな社会的行事であり、国民の義務とされている。ラマダンは、モスレム（イスラム教徒）の守るべき五行の一つでイスラム暦の九月の一ケ月間、日の出から日没まで水も食物も喫煙もすべて一切口にしないことである。その二日前に私が滞在しているAホテルのレセプションの女性が急に白い絹のスカーフを被り何となく神々しくなって応対に出ているので尋ねてみたところ、もうすぐラマダンに入るから身なりを清らかにしてその日の来るのを待っているとのことだった。友人のOさんがイスラム女性の友人のアマルに十九日の夜に会ったときアマルが、

「《今日は月が出ていないから（新月は見えない）、ラマダンは明日からでしょう》と言っていましたよ」

と教えてくれたが、その通りに二十日の朝の新聞には「ラマダン始まる」という見出しで宗教省

の月を見る委員会が、各地で月が見えたという報告に従って昨日会議をもち、ラマダンの発表をしたというコメントがあって、月を見る委員会の会議の写真も掲載されていた。（国がどんどんモダンになってもラマダンのスタートは実際の新月を見て決められる）

二十日の朝はレセプションのそばのコーヒーショップの前にも戸が立てられて表からは完全に姿を消していた。断食中の敬虔なイスラム教徒に飲んだり食べたりしているところを見せてはいけないというイスラム教国ならではの規範である。勿論、日没後は戸は取り外され、いつものコーヒーショップが姿を現し、同じようににぎやかに食事をしたりコーヒーを飲んだりしてもいいわけである。

昨日まで軽快なダンス曲が流れて、私もついその曲に乗りながらうきうきして歩いていたのに、今日はがらりとかわって荘厳なコーランを唱える声が一日中響いて、昨日までのホテル特有の騒々しい雰囲気がうそのように静かで、何となく皆一様に真面目な顔をして歩いたり応対したりしている。旅行者の来るホテルでさえこうだから、市内は車も俄然少なくなり、日中はまるで眠っているようである。このラマダン中は昼の顔は夜に現れ、夜の顔は昼に現れるまさしく逆転の一ヶ月である。それについて、迂闊な私の失敗談をお聞きください。あれはオマーンに来て一、二年たった年だったと思う。

「十九日のラマダンのブレックファストに是非ともいらしてくださいな。五時半にドライバーが迎えに行きますから、ロビーで待ってて下さいね」

とのお誘いの電話をオマーン人と結婚されているSさんから受けて私は、

「はい、分かりました。五時半ですね」

と、確認をしてから、十八日の夜は目覚まし時計を朝の五時に合わせて寝たのである。十九日の朝、五時半はまだ薄暗く下弦の月が眠そうに頂点に光っていた。ロビーで車が来るのを今か今かと待っていたが、車はいつまでたっても迎えに来ない。東の空がだんだん白み始めてついに六時を過ぎてしまった。太陽が昇る前にブレックファストを取らなければならないのに、これはどうしたというのだろう。やきもきしながらあっちへいったり、こっちへきたり、レセプショニストに尋ねても

「貴方を迎えにドライバーはおろか人っ子一人来ていない」

と、答えるばかりだ。

「そうだ。四時半を五時半と聞き違えたに相違ない。これはあやまりにいかねばいけない」

そう考えた私は走って部屋にもどり車のキイを持ち、急いでレセプションまで来たところ、

「ミス江村、分かりましたよ。分かりましたよ。夕方の五時半に迎えに来るのですよ。ラマダン中はお昼に断食をしているので、その日の夕方の最初の食事をブレックファストというのですよ。ファスッティング（断食）を破るという意味ですよ。イフタールともいわれてその日の最初の食事のことだと思いますよ」

と言われて、

「えー!?」

と、この時ばかりはほんとうに驚いてしまった。さすが社会的国民的行事のラマダン、徹底して

いると、ほとほと感心してしまった。後でそのことをSさんに話すと、大笑いされて、

「だから、夕方の五時半といったでしょう」

といわれても、ブレックファストと朝の五時半が結び付いて、何の疑問も持たなかったというわけである。

ラマダンタイム

この期間中、ホテル内のパン屋さんも市街のレストランも日中眠りにつき、日没後開店される。そしていつもより夜遅くまで営業している。スーパーマーケットも十一時頃まで買い物客で賑わっていた。また、家庭においても日没後は普断よりも御馳走を作って親戚、友人などが集まって夜遅くまで食べたり、おしゃべりをしたりして過ごすから、見方を変えればラマダンは毎日がお祭りのようにも見える。スーパーマーケットも普通の日より俄然、売り上げが上昇するということである。その後、夜の眠りをとって、日の出る前の四時頃にもう一度食事をとり、これは夕食ということになるらしい。（朝食だけの家庭もある）それ以後、日没まで一切飲食をしないという一ケ月である。

暑い砂漠の国オマーンでは朝早く起き、夜は遅くまで起きている習慣であるから、昼寝は欠かせない毎日の重要な健康法である。官公庁は七時半より始まり、二時半に終わる。学校は七時から一時まで、銀行、民間会社、商店などは八時から十二時までと五時頃から九時頃のツーシフト制をとっている。

官公庁や銀行、民間会社などはラマダンになると、一時間遅く始まり、一時間早く終了する。官公庁は、八時半より一時半になる。銀行は通常は八時から十二時だが、ラマダンタイムは九時から十一時三十分である。仕事を終えて帰宅した人々は日没まで普段以上に休養したり、眠ったりして体力を消耗しないようにしているということである。或る官公庁に勤務している方に聞くと、やはりラマダンの間は能率が下がるということであった。それはそうだろう。いくら夜にたっぷり御馳走を食べても、日中何も口にしないことは相当の辛さがあると想像する。オマーンにいる間に一度経験してみたら、断食の気持ちがよく分かると思うのだが、いざとなると躊躇してしまう。多分宗教心のなさであろう。

お昼も営業しているレストランや食料品店は戸を立てたりカーテンをしたりして、外から内が見えないようにしなければならない。

これは断食中の国民に刺激を与えないための配慮である。またイスラム教国では、ご存じのように酒類は禁止されている。外国人でも許可証がないと買えない。しかし、近代化が著しく、自由の気風がおだやかに吹いているオマーンでは、レストランやホテルのバーにおいてのみ、飲むことができる。しかし、ラマダン中は酒類はどこのレストランも出してはいけないし、リカーショップもバーも一ケ月閉店してしまう。だから、モスレム（イスラム教徒）以外の外国人は家の奥深くにこもり、密かに酒類をなめているかもしれない。この時期に堂々と飲んでいて警官にでも見つかったらそれこそ刑務所生活になりかねない。

この断食はしかし、子供、病人、身体の弱い人、妊婦、兵士、旅行中の人等は除かれるが、旅行中の人は帰って来てからその埋め合わせをしなければならない。

このラマダンは断食月といってイスラム暦の九月のことである。イスラム暦は、月の満ち欠けを見て数える太陰暦で一ケ月を新月から新月までとしているため、月により三十日または二十九日になる。そのために一年は三百五十四日になって、私たちが使用している太陽暦より十一日程短くなる。昨年は二月一日から始まっているので、毎年十一日間くらいずつ繰り上がって早くなっていく。イスラム教国オマーンにおいては、太陰暦は宗教的な行事や祭日に使われているが、毎年祭日の日が異なるため、一、二日前にしか分からないときがある。日本人学校でも前の日になって初めて連絡が入り、

「明日はマホメットの誕生日で、学校はお休みです」

「わあ！　うれしい」

と子供達は予期せぬ休みに大喜びということになる。しかし、官公庁、会社、学校等、社会全般は太陽暦もあわせて採用しているので日常生活では特に不便はないが、イスラム教国は日曜日が休日でなくて金曜日が休日なので、土曜日が週最初のウィークデーの月曜日ということになる。世界的傾向に従ってオマーンも週休二日制がとられているので、官公庁も一般の会社も学校も木金がお休みである。

イスラム教と六信五行

イスラム教は七世紀の初めにマホメット（正しくはムハンマド）によって開かれた。イスラムとは「神に自己のすべてをもって従うこと」を表している。また、「平和」を意味しているとも言われる。

ムハンマドは紀元五七〇年頃、現在のサウジアラビアの西方で紅海に近いメッカで生まれた。メッカはその頃、東西貿易によって栄えた商業の町で、青年時代のムハンマドは伯父さんと一緒に貿易をしていたということである。彼は四十歳頃から、暇があると砂漠へ出かけて山にこもって瞑想にふけっていたといわれている。ところがある時、山の中で初めて、神「アッラー」の声を聞いたそうである。そこでムハンマドは神の使い、予言者として神の声を人々に伝えた。

そのアッラーの言葉は「コーラン」といわれる経典に残されている。それによると、「唯一の神アッラーへの信仰によりすべての人は救われて神の前に人々は平等である」と書かれている。その他、日常生活で伝統的に守るべき道徳的なことが書かれているそうである。

特に、イスラム教徒にとって守るべき大切な六信五行がある。「六信」は「神」「天使」「聖典」「予言者」「来世」「天命」を信ずることであり、五行は義務として行わなければならないものである。

まず「信仰の告白」（シャハーダ）がある。「アッラーの外に神はなし、ムハンマドはアッラーの使徒なり」という聖句を唱えるのが信仰告白の義務であるということである。二番目は「礼拝」（サラート）である。一日に五回礼拝を行うことである。明け方（太陽が出る前）と正午すぎ、午後（三

モスクへお祈りに行く人々

時ごろ）、日没のすぐ後、暗闇になったとき、メッカの方に向かって行う。

毎日礼拝の時間になると、モスクから礼拝の呼びかけがスピーカーを通して流れて来る。これは中東の国の風物の一つになっているそうだが、私が明け方のうとうとしている時、お昼の十二時半頃、三時過ぎ、日没直後などに決まって聞こえてくる。この呼びかけを、「アザーン」といって「アッラー　アクバル（アッラーは偉大なり）、アッラー　アクバル、われは証言す、アッラーのほかに神はなし、われは証言す、ムハンマドは神の使徒なり、祈禱に来れ、祈禱に来れ、救済に来れ、救済に来れ、アッラー　アクバル、アッラーのほかに神はなし」と言うのだそうである。

インドネシアに三年間いたときもこのアザーンを聞いてきたが、その呼びかけの声の調子がまるで違うので驚いてしまった。オマーンのアザーンのほうがはるかに声も良ければ朗々としておごそかな気分がする。夜明けなどに聞くともなしに聞いていると、なんとなく幸せな気分になってくるから不思議である。金曜日の正午の礼拝は特に大切で集団礼拝が行われる。そういえば金曜日はモスクの庭も道路端も車で一杯である。私がオマーンに来た当時は、国営テレビ放送しか受信できず、八時の英語ニュースを楽しみにしていたが、そのニュースの途中でも礼拝の時間がくると、パッ！と画面が切り替えられモスクが浮かび上がり「アザーン」が聞こえてくる。《何ということをするのよ！》と初めはテレビに向かっていきまいていたが、イスラム教が日本流に言う単なる宗教ではなくて、「イスラム教徒の生活の基盤であり、かつ道徳である」と聞かされたとき、《なるほど》と半分程納得できたが、千三百年も続くイスラム教を二年や三年、中東に住んだとて理解できるはずがない。しかし、《神の前には何人といえども平等である》と誰でも親切に受け入れてくれるオマーン人の大らかさはこのイスラム教が少なからず影響を与えているようにも思える。

礼拝はわざわざモスクに行かなくてもその場で礼拝しても良いということであるが、ホテルにもモスレムの従業員のために小さなモスクがしつらえてあるということを聞いて見せて頂いた。本当に可愛いモスクがホテルの裏庭に建っている。生活と共にあるとは、まさにこの事なんだなあと思った。

三つ目は、喜捨(ザカート)である。施しをすることで、《富める者は貧しき者に与うべし》とコーランの教えにあるとおり、貧しい人に施しをしなさいということである。王様もよく施しをなされるということをきいている。オマーンは税金のない国であるが、《日本人にとって本当に羨ましい限り》喜捨という形で国に寄付をする事もきいている。四つ目に断食である。そして、五つ目は巡礼

（ハッジ）である。一生に一度はメッカへの巡礼をしなくてはならないというものである。しかし、五行の他の四つの義務とちがって、健康と経済に余裕のある者という条件がついているそうである。巡礼者はイフラームという白布二枚を身にまとっているということである。

断食は心身の健康の泉

さて、今まさにラマダンの真っ最中であるが、一ケ月の断食はなかなかの苦行だと思う。まだ、一月頃の今の季節は涼しいので、耐えることが容易なようだが、五月〜九月頃のラマダンは、気温が四十度以上にもなるから、大変苛酷な行になる。しかしモスレムの友人たちに、

「断食はどんな気持ちですか。なかなかつらいでしょう」

とたずねても、一様に、

「一日、二日はつらいけれど、慣れてしまえばなんともないですよ。空腹の時、飢えで苦しんでいる人のことを考える事ができて、自分が豊かであることを感謝することができるから、ラマダンはとてもいいことですよ」

とか、

「忍耐強くなりますし、信仰心も深まります」

とか、

「一日空腹にしてお腹の掃除ができて健康のためにいいのですよ」

また、友人のAさんは、

「精神的に少しも動揺しません」

と言われる。

このラマダン中は新聞にラマダン・コメントリィとして、毎日著名な方々のコメントが掲載される。

例えば「ラマダン中の貴方の健康」とか「断食と精神的動揺」とか「断食と調和」など、この記事は私にとっても断食を知るうえで大変有意義な記事だったので、字引を引き引き毎日読んでいた。その下段にはRAMADAN TIMINGSとして、その日の日の出の時間、日の入りの時間、礼拝の時間、朝食と夕食の時間も示されている。

さて、一月一日のラマダン・コメントリィは「Fasting is good for health,say doctors」という見出しで断食の健康的な実例として、世界のいろいろな場所で断食した人々の実例を引用した医師のコメントが掲載されていた。

「ファディオン医師は断食治療の専門家で、すべての人々はたとえ病気でなくとも、或る時期、断食をすることは必要であると言っている。なぜなら、体の中には、毎日食べている食物や薬の毒素が残っている。そして、それをそのままにしておくと、特別な病気の兆候がなくても病気の原因になることがある。ファディオン医師はさらに付け加えた。断食によって、体重を減らすことができる。《確かにイスラム世界には肥えた女性が多いから、よきアドバイスに違いない》しかし、あなたは二十日間の範囲で断食を行わねばならない。この期間の断食の後、あなたは異例の活動力と体力を経験するだろう」

また、「アブズール・アジズ・イスマイル医師は、断食は医学上の多くのケースで使用されている。また、それは予防医学にも用いられている。付け加えるならば、断食の多くの恩恵は科学の進歩と共に、なお多くの発見がある。断食はしばしば特別な病気の治療に使われる。イスマイル医師によれば、例えば、栄養過多の結果、慢性の腸の病気や、高血圧、初期の糖尿病などに用いられる」

こうしたコメントリィが断食中の国民を奮い立たせ、勇気づけ、励まし、落伍者がでないように支えているのである。断食が無事終わると、さらに信仰が強くなるといわれるのもこうしたあらゆる場での社会的な支援であろう。

一九九九年も私は同じホテルの同じ部屋に滞在していて十二月九日から始まったラマダンを経験していた。この時期私は葡萄を食べ過ぎて胃を壊してしまい、胃を休めるために一日断食を実行した。オマーンでは一番涼しくて過ごしやすい季節と言われるこの時に断食してもそんなに苦しくない一日であった。そして胃ももとの調子を取り戻して元気に働き始めた。一日だけであったが、〝断食って案外体のためにいいのかも知れないな〟と体験を通して実感した日だった。

イード・アル・フィトル（小祭）

国民的行事のラマダンの終了した後は、それこそ国を挙げての、断食明けの祭り（イード・アル・フィトル）のお祝いが始まるのである。

「このお祭りは一ヶ月の断食を無事果たせたことを神に感謝してお祝いする。その日の早朝、各地のモスクで特別な集団礼拝がイマーム（導師）の司祭のもとで行われる。イマームは参集者に対して、断食明けの寄付金（サダカト・アル・フィトル）の意義を訴え、貧者に施し物をすることはイスラム教徒の宗教上の務めであると説く。女性の場合は家庭で礼拝してもよく、いずれの場合でも礼拝の前には必ず沐浴して身を清め、清潔な衣服を身に着けなくてはならない。この日、人々は新調した衣服か所持しているものの中で最上の衣服を身につける。

「イード・アル・フィトル」の間、神への礼拝、困窮者への喜捨を行った後、人々はお祝いの挨拶をするのが礼儀であり、知人の家庭を訪問して喜びを伝え、贈り物の交換などをしてお祝いと歓楽の時を過ごす。また子供達にお小遣いを渡す習わしもあり、各家庭ではその日のために新札をあらかじめ銀行で用意しておくこともある。

この日には晴れ着に着飾った子供達が、もらったお小遣いを手にうれしそうにしている光景があちらこちらで見られる」

（以上、オマーン日本人会新聞「さらーむ」一一六号より、ラマダン＝斉戒の日々（アルアジール洋子））

この日ばかりは私をも含めてオマーン人であろうとインド人であろうとみんなにこにこして会えば、「イード・ムバラク」（ラマダン・おめでとう）と挨拶をお互いに交わして無事ラマダンが終わったことを喜びあっている。三日間ばかりお休みがあり、この日に外出すると、真新しいデシダーシャを着た男性や、華やかな衣装を着た女性に出会うが、みんな晴れ晴れとした顔付きをしている。

第六章　イード・アル・アドハ（犠牲祭）

ごったがえす山羊・羊市《いち》

イード・アル・アドハ（犠牲祭）（大祭）の祝日が一九九三年は五月三十日（日）から三日間、六月一日まで、と新聞に発表されたのは五月二十四日だった。オマーンでも公務員は木曜日、金曜日が休日なので、今回はついでに水曜日も休日となり、公務員にとってはうれしい六日間の連休になった。官公庁でない銀行に勤める女性にたずねると

「ほんの三日間だけよ」

と、それでもうれしそうな笑顔を見せて答えてくれた。

この犠牲祭というのは、イスラムの行動規範の五行の中の一つに聖地メッカへの巡礼があるが、その巡礼月の十日目に行われるお祭りである。この巡礼月は断食月の約二ヶ月後に来るが、旧約聖書のアブラハムの試練のお話から来ている。神はアブラハムの信仰を試すため、その息子イサクを殺すように言った。アブラハムは苦悩しながらイサクの喉に短刀をつきさそうとした時、その信仰心の強さを見た神は、天使に命じて止めさせたという。そこでアブラハムは息子の代わりに雄山羊

山羊・羊市に集まった人々

（または羊）を神に捧げたという故事に倣って、人間の一切の罪を羊や山羊や牛に背負わせて、それらを犠牲にしてその肉を神に捧げるお祭りである。それによって人間は罪から解放されるとしていて、イスラム国の三大祭りの一つとされており、羊や山羊や牛の大きな市が立つ。

その当時、ジャイカから派遣されてオマーンの商工省に勤務されていたUさんが、

「犠牲祭のための羊や山羊や牛の市が二十八日に立つそうですが、一緒に見に行きませんか。私が誘われた商工省工業統計担当部長のサウドさんが、女性の江村さんも一緒に来られてもいいですよと言っていましたから」

羊や山羊の市を見たことがないので一度私も見たいとUさんにお願いしておいた所、聞き入れられてすっかりうれしくなった。

二十八日の朝、七時二十五分にAホテルのロビーに待ち合わせて、同じくジャイカのYさんの

車で、シーブのサウドさんの家に向かった。

サウドさんは、駐日大使の一族で、オマーン・日本友好協会の事務局長クサビイ氏は彼の兄さんにあたる。

サウドさんの家に到着すると、彼は待っていましたとばかり歓迎して下さり、

「早速市へ行きましょう。僕もヤギを一匹買いますから」

と、サウドさんの車で市へ向かった。サウドさんは道すがら、

「犠牲祭には、各家庭では必ず羊か山羊を一匹以上買って犠牲にしなければなりません。また、牛は大きいですから七家族で分けることができます」

とのお話だった。

市は、大きな空き地で行われハブタまたはヘルカと呼ばれて、年に二回程開かれるということだった。ハブタに近づくと、車の洪水で駐車する場所がない。羊や山羊を売る為に連れてくるのも車なら買って連れて帰るのも車だから、混雑するのも当たり前だ。

やっと、駐車の場所を見つけて市まで歩くことにした。

その当時は五月の終わりで気温はもう朝から四十度を上回っている。歩いているうちに太陽の熱で首筋がぴりぴりしてきた。

市が近づくと人々の活気と熱気とが伝わってくる。

市の中に入って思わず声を上げてしまった。これこそアラブのお祭りというのであろうか。ただでさえ暑いのに人々がひしめき合いながら、羊や山羊を五、六匹引き連れて一家総出で売りに来て

いる人々、何十匹の山羊や羊を車に乗せて売っている人、二、三匹引き連れて売りに来ている人々、丸々と肥えて毛並みもつややかな山羊を一匹だけ連れて売っている人、シリア方面からも大量の山羊や羊を売りに来ている人々などなど、さまざまな売り手市場が展開されている。それに対して、買い手の人々は、売り手の人々と山羊や羊の群れの間を縫うようにして、良い山羊や羊がいないか、目をさらにして捜し回っている。山羊や羊は二、三日後には丸焼きにされるとも知らず人なっこく擦り寄ってくる。売り手はそんな山羊や羊の体を触ってみたり、叩いたりして、肉がぴちぴちして上質かどうか、しきりに調べている。そして気にいった羊や山羊がいると、売り手と値段の交渉に入る。

「とても混雑していますから迷子にならぬようについて来てください。私は山羊を一匹買いますからね」

と言われるサウドさんの後ろから私たちは売り手や買い手、それに山羊や羊の屯する間を縫って、良さそうな山羊を探して回った。と、私たちの行く手に豊かな毛並みを持った堂々とした体格の一匹の山羊に出会った。父親と息子らしき二人が山羊の手綱を持ちながら買い手を待ってじっと立っている。サウドさんは、目ざとくこの山羊を見つけて、

「これはなかなかいい山羊ですよ」

と、手で触ったり、おなかを叩いたりして肉付きを十分に吟味されているようだった。私たちも銀色に輝く長い毛をもった二十キログラムもあろうかと思われる山羊に触ってみた。こんもりとした背中をもち、おなかの肉も柔らかそうで豊かに張っていて、如何にも美味しそうだった。

〝山羊って本当におとなしい動物なんですね。私たちがおなかの辺りまで触っていても優しい目をちらっちらっとさせ、少し首を動かすだけでじっとしているのですから〟

この大きな山羊が二、三日後には肉になっているのだから、自然の摂理とはいえ、とても可哀想な気がする。

サウドさんは、この山羊を気に入られたらしく、売り手と値段の交渉に入られている。売り手の言い値はRO・百六十（約五万円）である。

「なかなかのいい値段ですね」

と、私たちはささやきあった。

売り手との交渉は案外早く終わってRO・百三十（約四万二千円）でサウドさんの山羊となった。売り手はこの日のために丹精込めて山羊を飼育し売る、買い手はこの日のためによい値段でよい山羊を買う、この犠牲祭の市があることによって、需要と供給が実にうまくいっていると感心した。

オマーン最大の御馳走はシュワ

オマーンでは、山羊や羊の丸焼きはシュワと言って一番の御馳走である。何かのパーティの御馳走の主役はシュワである。立食パーティの時など真ん中に丸焼きにされた山羊の頭付き胴体がでーんと鎮座している。それをコックさんがナイフでそぎ切りをして、各自の皿に入れてくれる。油っぽくなく香ばしくてなかなか乙な味である。そして、最後に頭の中の脳を取り出して食べさせてくれる。山羊の脳を食べると頭が良くなると言われているので人気がある。白くてチーズのようである。このシュワは以前は断食明けの祭り（イード・アル・フィトル）の時と犠牲祭（イード・アル・アドハ）のときしか食べなかった程特別な御馳走であったが、現在は結婚式や誕生日のパーティ、友人を食事に招待した時や砂漠のキャンプツアーでもオマーンの名物料理として、簡単に作って食べさせてくれるようになった。

オマーン人の友人でJ石油に勤務するマホメットさんの伝統的な結婚式には山羊二十九匹がその夜のゲストの胃袋に入ったそうである。

一九九九年も二〇〇〇年の今年も日本・オマーン友好協会大阪支部の方々がオマーンを訪問されたとき、ナサ・アルワヘイビーさんの経営するオアシスツアーのガイドとして、ナサさんと共にワヒバ砂漠のキャンプに行ったが、その時もナサさんが砂漠キャンプのシェフと一緒にシュワを料理して皆さんを歓待した。その料理法を実地指導してもらったので説明すると、山羊または羊の肉のむね肉でも、もも肉でも、うで肉でもいいが、かたまりを買ってくる。酢と水のなかに何種類かのスパイスを入れて、地下の冷暗所に二日か三日ほど寝かせておく。そのシュワに使うミックススパイスは、今や、スーパーマーケットでオマーンスパイスと銘打って、一袋、三百七十五バイザー（約百二十円）で買うことができる世の中になった。勿論スーク（市場）に行っても袋入りを買うことができる。スークさえ近代化の波は止められないこの頃となった。（オマーン人と結婚されたTさんから聞くと、スパイスの作り方は、日本の家庭の漬物のようにそれぞれ伝統的な家庭の作り方があるそうである）二日か三日ほど寝かせたミックススパイスを肉によく塗り付けてしみこませる。その肉をバナナの皮でつつみ、椰子の木で作った袋に入れる。屋外に作られた縦長の穴の中で木を燃やして炭を作る。その炭の上に袋に入れた肉をおく。上から鉄板の蓋を閉めて、その上に砂や土をかぶせる。内部の煙の力が大きいので思いきり砂や土をかぶせないと煙の圧力で砂や土の透き間から煙が吹き出てくる。この状態で丸一日または二日間蒸し焼きにする。一日より二日間のほうがより美味しいということである。

もう何度もシュワを食べているが、スパイスがよく効いて、臭みもなくとても美味である。

何と言っても、食べ物の話になると口の中に唾がたまってきそうであるが、この市の中を歩いていても串刺しのそれこそ山羊や羊の焼き肉を売っている店があちこちに出ていて、随分よい匂いを漂わせている。市にいる山羊や羊は自分たちの仲間が焼き肉になっているのを知っているのだろうか、などと想像してみる。そのほか、市には、王様の少年時代のブロマイドなど売っている店があって子供達の人気を集めている。お菓子を売る店あり、玩具を売る店あり、鍋を売っている店あり、日本の夜店のような賑わいであった。

今まさに犠牲祭の幕が切って落とされようとする前夜祭の賑わいである。各家庭で犠牲にされた山羊や羊や牛は、家族が食べるだけでなく、隣近所に配られたり、また、貧しい人々に分け与えられたり、見知らぬ私たちでもお祝いに立ち寄ると大いに歓待してくださる。こういった所にイスラム教のザカートの精神が脈々と息づいているといっていいだろう。

二〇〇〇年の犠牲祭は三月十六日(木)から始まって民間は三日間、官公庁は四日間の休みがあった。イスラム教国では、日にちこそ、繰り上がっていくものの、毎年同じように沢山の山羊や羊が犠牲にされて、各家庭のお祝いの食卓に上っている。

国王は二〇〇〇年のこのイードのお祭りをワリヤットで過ごされて、ソハール全市民の歓迎を受けられ、海のカーニバルやソハールの歓迎のダンスをご覧になったりして、全市民と一緒になってお祭りを楽しまれた。「市民と共にある国王」として国民はさらに敬愛の念を高めている。

第七章　オマーン結婚事情

結婚難時代

イスラム国オマーンも近代化が進むにつれて、結婚事情も年々変わって来ている。一昔前、即ち私がオマーンにきた当時の一九九〇年代の初め、オマーンも日本同様、男性の結婚難時代であった。というのは、男性の女性に払う結納金（マハール）が高くてなかなか結婚できなかったようであった。イスラム社会の中心は男性であるが、女性は弱い立場の者として非常に保護されている。結婚しても妻独自の財産を持つことが許されている。それがマハールと呼ばれる結婚保証金（離婚保証金にもなる）である。一九八〇年代では、このマハールが、オマーンでは一万オマーンリアルと（当時のレートで約四百万円）と決められていたそうである。サラリーがその当時約二百五十～三百オマーンリアル（約十万円～十二万円）の若者には、到底そんな結納金が出せないために、外国に公費留学した若者や、外国で働いていた多くの青年が結納金の要らない外国人女性と恋愛して結婚するのは当然のことであった。それを聞かれた国王は結納金を「三千オマーンリアル（百二十万円）くらいにするように」とアドバイスされたということを聞いている。それだけの理由ではないと思うが、一九八六年には国際結婚禁止令が出た。オマーン女性が結婚にあぶれるようなことがあっては、国の大問題にもなりかねない。

それ以後、結婚保証金は当人同士の出せる額になり、最終的には花嫁の父親が決めるということである。この結婚保証金は地域によって差があるということだが、首都マスカットでは平均、三千オマーンリアル（現在では約九十六万円）でまだ安いほうだということであった。高い地域では八千オマーンリアル（約二百四十六万円）だそうだ。

一九九〇年初め、ある官公庁の大学卒の男性の給料が約五百オマーンリアル（約十六万円）、職業専門学校卒の男性が四百五十、オマーンリアル（約十四万四千円）、高校卒が三百十オマーンリアル（約十万円）で毎年五〜七オマーンリアル昇給するということであった。しかし、この結婚保証金の他に、結婚式の費用も家も自動車もすべて男性側が用意しなければならない。そこで、「結婚は非常に大変だ。親が金持ちならできるが、普通の俺たちはなかなか結婚ができない」と、当時の若者は嘆いていたという。

しかし、先進国並みに発展してきているオマーンは、女性の大臣こそいないが、次官クラスや局長クラスで活躍している女性も大勢いるし、先見の明のあるカブース国王が男女雇用機会均等を提唱されているので、一九九七年時点で政府関連機関で働く女性は一二、三五〇人で、民間企業では五、四八三人と発表されている。オマニィゼイション（労働力のオマーン人化）が進んでいるので、現代はもっと増加していると思う。どんどん近代化が進むなかで、結婚保証金もお互いの話し合いで決められる場合が多くなって、それぞれの結婚によって結婚保証金の額も変わって来ているということである。そこでオマーンの結婚保証金による結婚難は徐々に解消しているということである。一九九三年の十一月に一度結婚禁止令が解かれて、国際結婚組がかけこみ許可をもらった。しかし、それ以後、ミレニアム二〇〇〇年の現在に至るまで、この国際結婚禁止令は未だに解かれていない。

さて日本の結婚難事情は、自立する女性が増え、男性に頼らなくても十分に生活ができて楽しめる社会になったということで結婚しない女性が増えてきて、男性は結婚相手がなかなかないということであった。

日本のこの結婚事情は十年後の現在もますます拍車がかかってきており、また結婚しない男性もできない男性も増加をしているとか……。また、結婚しても自分たちの人生を楽しむために子供を生まない夫婦が増えているし、生んでも一人だけでこの少子化現象は、現在日本の社会に大きな問題を投げかけている。まして、一九九九年の六月に日本でもピルが解禁されて女性は妊娠という危険も少なくなり、結婚しなくても人生が楽しめるために、籍を入れないで同棲結婚という新しい形の結婚も出現して、結婚形態がますます多様化しているように考えられる。

四人妻

私たちの話題の中でイスラム教の特徴として、先ず、

「男性は四人まで妻が持てるのですってね」

という男性にとっていかにも羨ましい話がでてくる。しかし、地方ではともかくとして、高等教

育を受けたマスカットなどの都会に住む若い人たちは共働き夫婦の一夫一婦制が殆どではなかろうか。勿論、「私のお父さんは二人の妻をもっていますよ」というオマーン人の友人もいるが、それらは一世代前の方々であるし、若い世代ではそんなことは考えられないと言っている。というのは近代化が急速に進んでいるオマーンでは、個々の生活が中心に考えられるようになって、結婚した二人は両親と別々に住んで二人だけの生活を楽しみ、何か行事や用事があれば、両親の家を訪問するような生活形態になってきている。それに全般的に生活様式が向上し、結婚した二人は快適な生活をするために自分たちの家を建てたいと思っているのでお金もいるし、また、子供が生まれれば、子供の教育費も必要になってくる。自分たち共働き夫婦二人でも大変な経済生活であるのに、二人なり三人と結婚するためには、愛情もお金も家も宝石も二人なり三人に平等に与えなければならない。そんなことは、よほど経済的に余裕があり、器用な男性でなければできるはずがない。また、二人目の妻をもらうときは、最初の妻に許可を求めて許されないと、結婚はできない決まりになっている。

このことは、コーランの「女　メディナ啓示、全一七五（一七五）節（井筒俊彦訳、コーラン）」の最初の方に記されている。そのところを少し引用してみると、

（三、もし汝ら（自分たちだけでは）孤児に公正にしてやれそうもないと思ったら、誰か気に入った女を娶るがよい、二人なり三人なり四人なり。だがもし、（妻が多くては）公平にできないようならば一人だけにしておくか、さもなくばお前たちの右手が所有しているもの（女奴隷をさす）だけで我慢しておけ。そのほうが片手落ちになる心配が少なくてすむ。妻たちには贈与財（マハールと

言い、結婚成立と共に夫の側から妻の側に送る財産で回教以前の古代アラビアから存在した風習）を快く払ってやれよ……）

予言者、ムハンマドによって書かれたコーランは、今から一四〇〇年前の昔であり、その頃のムハンマドはイスラム教を広めるために多くの戦争をした。その戦争でムハンマドの仲間たちが死に、沢山の孤児をもった未亡人が残ったので、その未亡人や孤児を救済するために、この事が書き記されたということである。

それが現在に通用するかと言えば、疑問であろう。近代化が進み女性も教育を受け、社会にもどんどん進出する現代社会になってくると、女性の意識も向上していくので、たとえコーランにあっても、よほどの特別な事情（妻に子供ができないために、妻の許可をうけて第二夫人をもらったとか、妻の体が弱いために第二夫人をもらったという例は聞いたことがある）がない限りそのようなことはなくなることはなくても、このオマーンでは少なくなってきているように聞いている。

イスラム社会は男性中心の社会であるが、女性は弱い立場の者として保護されているし、妻独自の財産をもつことが許されている。それが「四人妻」の後に記されている「マハール」と呼ばれる結納金であることは先に書いたが、また、離婚したときも女性が生活に困らないように、離婚保証金にもなる。

それに結婚が決まれば、ムアッカル、サダカと呼ばれる結婚契約書が取り交わされる。この契約書の中には、離婚の条件や保証金なども書き記されているという。

高年齢結婚時代&結婚共働き時代

オマーンは以前は大半の女性が十四歳〜十八歳頃までには結婚して子供を八人から十二人くらい作り、まだ四十歳前後で平然として余力を残していた。多分、日本の昭和の初期頃までの事情と同じだったと思うが、現在のオマーンは高年齢化結婚時代に入りつつあるのではなかろうか。まあ、いままでが早すぎた結婚であったから、現在が普通になったのかも知れない。現在でも二十歳までに結婚する女性は地方へ行けばまだまだ多くあるだろうが、大学や専門学校、高校などで教育を受けて官公庁や民間企業に勤める都会に住む女性などでは少なくなって来ているようだ。私が昨年ブリティッシュ・カウンセルの四時からのクラスで英語を学んでいた時、テノイという目が大きくて美人のオマーン女性と一緒だった。彼女がクラスに入ってくると大輪の花が咲いたようにクラスの中が明るくなったが、彼女は今日は黒い目をしているかと思えば、次の日は青い目をしているので、私は目をパチクリさせて不思議そうに彼女の目を見ていると、彼女はにこにこしながら

「今日は青いコンタクトレンズをしているのよ」

と説明してくれたモダンな女性である。そういえばオマーンは優秀なコンタクトレンズの製造地であるという。彼女は銀行に勤めていて八人兄弟の長女で三十一歳であった。もう二、三年のうちには結婚したいと朗らかに言っており、別にあせっている様子もないし、結構よい車に乗っていて独身生活を楽しんでいる。そんな働いている高年齢の女性を私は多く知っている。

以前は部族同士間の結婚しか許されなかったようであるが、現在は職場結婚なども増えて来てい

る。勿論現在も、子供の時に両親の決めた従兄弟婚とか、はとこ婚などする人も多くあるが、しかし、結婚の形は徐々に多様化していることは事実である。

現在、オマーンも先進国並みに、女性は結婚しても仕事を続ける共働き夫婦が多くなっている。オアシスツアー会社を持っている友人のナサの奥さんのYさんも国営の石油会社に勤める日本女性であるが、当然共働きであるし、ナサの妹さん二人もつい先日、二十五歳くらいで結婚したが、結婚後も小学校の先生を続けていて共働きである。十年来の友人のバラカットも奥さんは石油会社に勤めていて共働きであるし、J石油会社に勤めるマホメットも奥さんは自治・環境省に勤める共働き夫婦である。また、宮内庁に勤めるザハラーンも奥さんは小学校の先生だし、私の知る限りでは殆どのご夫婦が共働きである。それに結婚適齢期の現在の男性は、殆ど働く女性と結婚したがっているという。若い世代の二人で経済的にも豊かな結婚生活を楽しみたいという事であろう。

第八章　ヘンナ・パーティ&結婚式

ヘンナの装飾と効用

ヘンナはオマーンにおいては、女性に欠かせないおしゃれである。私もオマーンに来た当初、黒のアバイアをまとった女性の外に出ている手が指先から手首まで刺青らしき様子なので、見たとたん、ぎょぎょっ？　と驚いて一歩後ずさりしてしまったが、実はそれがおしゃれのヘンナであった。このヘンナというのは、北アフリカ、西南アジアの原産でヘンナと呼ばれている木である。オマーン、インドなどどこの熱帯地方にでも繁茂していて、このヘンナの葉をとって乾燥させ粉末にして、少量の紅茶と石油を混ぜるそうである。そのどろっとした液を小さなしぼり器の中に入れてチューブの先に少量ずつ出しながら、ヘンナの美容師が器用に手の甲や足の甲に自分の気に入った模様をサンプルから選んで描いてくれる。実は私も描いてもらった経験があるが、描いてもらっているときは冷たくて気持ちがいいものであるが、乾くまで二時間くらいかかるのでその待ち時間の間、手と足を動かさないで伸ばしたままいなければならないので、なかなかおしゃれも大変である。乾燥したあと、余分なものを落とすとできあがるが、きれいに描かれた模様の手を見ているとオマーン女性になったような気持ちになる。二週間くらいで消えてしまうが、このヘンナを装飾にする風習がオマーンには古くからある。これは熱帯の砂漠地方の生活環境から出た知恵だと考えられる。ヘンナを描くと暑いときに体の温度を下げ、体の中にばい菌が入らない効用があると言われている。自然の木の葉だから漢方薬的な効用が多分にあるのだろう。また、髪を染めるのに使うと、きれいなブラウン色になり髪の毛もつややかになる。実は私もひそかに自分の髪に試してみると、きれいな茶に変色して髪の毛がつややかになった。それに頭皮の健康のためにもいいようである。

ヘンナ・パーティ

かつてオマーン・婦人部協会から日本人会婦人部に、

「オマーン婦人会館でヘンナ・パーティがあるので、ぜひいらしてください」

との招待があったので喜んで、その当時総勢十人で出席した。

ヘンナ・パーティとは、女性が結婚するまでに行われる伝統的なパーティで、ヘンナで模様を手足に描いて装飾をほどこす儀式である。このヘンナ・パーティのあと、一概にはいえないが、二、三日後に結婚式をするそうである。

このヘンナ・パーティの一週間前から、結婚する女性は顔のパックをしたり、手足をきれいにしたり、髪を整えたりして結婚の準備をする。その間はどんな男性とも会わないで、ただひたすら結婚相手の男性のために操を守って毎日を過ごしていく。

イスラム社会においては、男性は男性だけのパーティがあり、女性は女性だけでパーティを開く。結婚式も別々なら披露宴も別々である。最初それを聞いたとき、

「へえー、男と女が結婚するのにどうして別々のパーティが開かれるの？」

と、驚いてしまったが、これは古来からイスラム社会の慣習であるから仕方がない。しかし、男性は男性だけ、女性は女性だけで対等にパーティが開かれているから、決して女性の地位は低くないわけである。着物に譬えれば私たちの社会は一重の着物社会だが、イスラム社会はあわせの着物社会と言えそうである。表と裏があって一つの社会が成り立っているようだ。しかし、意外と裏の方がしっかりして多彩なのである。

ヘンナパーティでヘンナ美容師が足にヘンナで装飾をほどこしている

婦人会館に到着すると、大勢のオマーン女性が色とりどりの華やかな装いをして会館に集まっている。外出するときは黒のアバイヤを纏うが、今日は女性ばかりのパーティなので、とびっきりおしゃれをした女性たちが顔を輝かして友人たちと抱き合って久しぶ

りの邂逅を懐かしがったり、おしゃべりを楽しんだり、浮き浮きした空気が流れている。会場は溢れるように女性で一杯になった。

会場の正面の高段には、輿がおかれ、鮮やかな若草色の布製のみすがさがっている。この輿の中には二、三日後に結婚する女性がオマーンの民族衣装を着て座っている。しかし、外からはそれは見えない。中央には、五人程の楽士がいて、オマーンの民族楽器、ウード(琵琶のような楽器)、ターラ(平べったい太鼓)、タボール(小さい二つ並んだドラム)、それに現在の楽器エレクトーンもあって演奏している。

アラビア音楽というのは、アラビア半島発祥の音楽で、古代オリエント調で胸の中まで揺さぶるセクシーというのか、情熱的というのか、徐々に興奮の渦が巻き起こり、連鎖反応的に人々をその中に誘い込んで行く。自然に踊りだしたくなるので不思議だと思っている間に、二、三人の女性が楽士のまわりで輪になり踊りだした。足でリズムをとって体を揺すったり、手をくねらせたり、二拍子だから単純で誰でも踊れそうだし、とても気分がいいみたいだから、次々に踊り手が加わって三十人くらいが踊りだした。子供達も踊っている。お祝いのダンスだから誰が加わってもいい。音楽が高揚するにつれて、私の体もリズムに乗りいつの間にか動き始めた。〝雀踊り百まで忘れず〞音楽に引き込まれそう。

「踊りたいんでしょ」

「踊ってきなさいよ」

「一緒に踊りましょうよ」

と、つつきあっているうちに、もう私は踊りの輪のなかで音楽に陶酔しながら体や手をくねらせていた。

その間、輿の中の女性は先ず両手だけを出して、ヘンナで奇麗な花の模様を描いてもらっている。花嫁としての手足の装いの一つである。この描いている女性は勿論ヘンナ美容師である。

花嫁の手の模様が完成すると、出席している全員に飲み物とお菓子が配られた。食事を共にすることによってさらに全員の親近感が深まってくる。空腹に飲み物と食べ物が入って各人のエネルギーが燃焼し一気にパーティは盛り上がり、入れ替わり立ち代わりダンスが激しくなっていった。

輿には布製のみすが下ろされているので全く顔は見えないが、今度は足だけが出されて入念に模様が描かれていく。輿の中の花嫁さんも手と足だけ出してじっとしていなければならず、たいへんである。ヘンナで両方の足に模様が描かれると、描かれた指と指の間にヘンナの木の葉が挟まれて描かれた模様がとれないようにされる。そして、その足に乳香がたきしめられて、いい匂いと共に白い煙がただよい神秘的な雰囲気へと導く。その中でヘンナの描かれた足を見にいく女性や、お祝いのお金をおく女性で輿の前の階段はすごい混雑だった。好奇心の強い私も列に加わり、じっくりとその模様の描かれた足を拝見した。見も知らぬ他人の足をじっくりと拝見したのは生まれてから初めてであるが、そこへもって乳香の匂いが会場に漂い始めると、何とも奇妙な気分になってしまった。そのとき音楽が一段と高鳴ると、花婿になる男性が友人たちと真っ白なデシダーシャにネービーブルーのムサールを頭に巻いて、腰にハンジャルをさし正装して入場してきた。モスクで結婚式をあげてきたあと、花嫁さんにその事を報告にきたのである。

花婿登場

背が高く若々しい清潔感に溢れる青年である。

「まあ、ハンサムな方ですね」

と思わず、私たちは声を揃えて言ってしまった。

そこで何時もの如くオマーン男性礼讃論がでる。全くオマーンの男性はことごとくと言っても良いほど見とれるほどのハンサムな男性ばかりである。アラブの男性らしく骨格はたくましくて肌は浅黒いが、しかし、中にはとても色の白い男性もいる。オマーン人はセム族、ハム族の子孫であるが、アラブの人達がこんなに彫りの深いヨーロッパ風の顔立ちをしているとは思わなかった。そのうえ、おっとりした優しさがある。オマーン人は他人に気配りをする国民性があると聞いているが、オマーン人の丸さはそういった所から来ているのかも知れない。またほとんどと言ってもいいほどの男性が黒々とした豊かなあごひげをはやしている。だからとても立派に見えて

「奥さんがいらっしゃるのでしょう?」

と聞くと、

「僕はまだ二十二歳ですよ」

と、言われてあっけに取られてしまったことも何度かある。

アラブは父権社会、男性は若いうちから権威を大切にするのだろうか。私などはハンサムな顔と

つややかな髭に見とれてしまってついつい声をかけたくなる時がある。その後、花婿は家族や親戚の女性たちから手を乗せて永遠の結婚を誓う。その後、花婿は家族や親戚の女性たちからお祝いの抱擁をうける。そのあと友人たちと物腰柔らかく踊りの輪にはいると、ひときわ音楽は高く奏でられて二人の結婚を祝福しているようだった。その宴も十一時頃には終わって、お祝いに集まった人々は自分も幸福感に包まれて三々五々と帰途についた。

実質的な結婚はこの日からできるということである。

おおらかな結婚式

いくら先進国並みに発展しているオマーンでもイスラム社会である以上、イスラムの伝統はきちんと守られて行く。勿論結婚式も男女別々に上げられる。しかし、現在職場での恋愛結婚なども増えて来ているオマーンでは、結婚式もヨーロッパ式にホテルですることが多くなって来ている。勿論ホテルでするのは女性の方でほんとうに華やかである。かたや一方、代々受け継がれてきた伝統的な結婚式もあり、また、地方独特の結婚式も見ることができる。

熱帯砂漠気候のオマーンでは、強烈な暑さの太陽は嫌われ優しい月が好まれているので、どんなパーティでも夜に行われる。結婚式も大体夜八時頃から始まり、二時頃にお開きになる。

その頃、まだオマーン人の奥さんだったSさんが、ホテルの結婚式に誘って下さった。

「七日（木）の八時からインターコンチネンタルホテルで結婚パーティがあるのでいらっしゃいま

伝統的な結婚式

せんか」

「ぜひとも出席したいわ。でも、見も知らない私たちが出席できるのでしょうか」

「大丈夫よ。私の友人のお嬢さんだし、お祝いに来た女性は誰でも歓迎されますから」

このお祝いに来た人々は見知らぬ人であっても歓迎されてほんとうに誰でも出席できる。それがオマーン式結婚式のほんとうにいいところだと思う。先日も私が現在滞在しているAホテルのグランドホールで結婚式が開かれていた。丁度その時、大阪日本・オマーン協会の会員達がオマーンを訪れていて、この結婚式をそっと覗いたら、

「日本人の方ですか。ぜひ、一緒にお祝いして下さい」

と歓迎されて奥様方だけであるが参加されて、

「オマーンの結婚式を体験することができて楽しかった」

と、夜中に帰って来られて興奮気味だったことを思い出す。

こうしたオマーンの国のおおらかさが私は実に大好きなのである。

今まで何回も見知らぬ方の結婚式のお祝いに飛び込んで、御馳走になり踊りまくっている。私も陽気なオマーン人に似ているのかも知れない。

S商事に勤務されるSさんは、

「オマーンは中東のラテンですよ。オマーン人は全く陽気ですよ」

といつも言われるが、全く同感である。

さて、その当時の友人のMさんとOさんと私の三人が出席した。

「みんな最大におしゃれをして来ますから、負けぬようにおしゃれをして来てください」

スポーティな私がロングドレスなどを着込んで、目などにアイラインを引き最大のメーキャップをして出席した。ホテルの玄関で、テニスのコーチのデビッドとガールフレンドのキムとに出会ったところ、いつも半ズボンの私と一八〇度おしゃれをした私と重ならなかったのだろう。目をパチクリして、

「一体何があるの?」

とたずねるので
「オマーン人の結婚式に招待されているの」

と言うと、

「グレイト!」

と、声を上げて羨ましがっていた。

華やかな女性側

さて、会場に入ると、約五百人くらいの女性が一人一人最高のおしゃれをして来ているのだから、目も眩むばかりのあでやかさである。女性同士がこの席で初めて知りあったときは、握手で挨拶をかわす。親しい間柄ならヨーロッパ風に抱きあって頰と頰を寄せ合って親愛の情を表す。オマーンはかつてイギリスの保護国だったこともあり、開国したあとはイギリスなどに留学している人も多く、自然にヨーロッパ風のマナーが身についているのだろう。

結婚はどこの国においても、人生の最大の行事であり関心事である。特に女性にとっては、愛する男性の妻になり全く新しい生活が始まるのだから結婚が決まると、その日から心の準備からすべてが結婚一色になるように思う。このオマーンにおいても決して例外ではない。

先ず婚約が調《ととの》うと、男性側家族がマハールを持って女性の家庭を訪問する。マハールというのは結納金だけでなくて、金《キン》とか宝石とか服とかすべての贈り物を含んでいる。J石油会社に勤めるマホメットさんに面白い話を聞いた。昔の女性は銀を欲しがったが、現在の女性は金《キン》でないと駄目だということである。そこでドウリパーティ（結納金マハールを持っていった時のパーティ）が開かれる。勿論、イスラム社会の慣習に従って女性側家族の女性、男性側家族の女性や女性の友人だけで開かれるわけで、男性は贈り物をもって行くだけで家の中にははいれない。ドウリパーティでは贈り物はすべて披露される。例えば、

「この指輪は花婿さんからのプレゼントです」

とか、

「この洋服は、花婿のお母さんから頂いたものです」

と発表されて全員の女性に披露される。すると、集まった女性たちは
「まあ！　高価な指輪ですね」

とか、

「素敵なデザインの洋服ですね」

と、賛辞の言葉を述べながら、一つ一つ贈り物を手にとって見て行く。日本の結納の日とか、衣装見せなどの日によく似ているようである。そのうちに踊りの輪ができたり、御馳走がでたりしてパーティは盛り上がって行く。

このドウリパーティが終わってから、ヘンナ・パーティが催される。

その後、ザッファパーティ（最終のパーティ）がなされる。この結婚披露パーティは一週間も続く家庭もあれば、一日だけの家庭もあるそうである。

花婿の結婚式

では、花婿の結婚式はというと、これは意外と簡素なのだ。

花嫁のヘンナ・パーティの日にモスクで行われる。その日の五回目のお祈りが終わった後、大体

七時から八時頃に花婿の家族（勿論男性のみ）と親しい友人たち（勿論男性のみ）が集まって日本で言う仲人に当たる介添人、オマーンではイマーム（宗教指導者）が来られて、祝福のコーランを読み、スピーチをして書類に誓いのサインをして、その後、ハルワ（オマーン風ういろう）とオマニィコーヒーが振る舞われるというささやかなパーティである。モスクに来ている人は誰でもお祝いのパーティに加わることが出きる。

「〝くるものは拒まず〟僕は今日結婚しました。とても幸せです。皆さん一緒にお祝いして下さい」

乾いた砂漠の民だからこそ、広く人々の気持ちの中に温かく他人を受け入れる気持ちがオマーンの根底には流れているような気がする。この後、花婿さんはヘンナ・パーティにいそいそと向かうわけである。

先日、J石油に勤めるマホメットさんのモスクでの結婚式のビデオを見せて頂いたが、乳香がたかれて、長いあごひげを生やした厳かなイマームがスピーチをして、その横にマホメットさんが緊張ぎみに座っていたが、そのあとパーティになると大きなモスクの中が混雑するくらいの多くの友人が来てマホメットさんを祝福していた。男性も女性に対抗して少しずつ華やかになってきているように思う。

花嫁さんの登場

さて、現代的な結婚式には何度か招待されたことがあるが、いつも舞台があって入場して来た花嫁さんがそこに座るようになっている。

その日も大輪の造花がバックに飾られた舞台が創られており、如何にも豪奢な結婚式の様子である。現在風なドラムやエレクトーンの演奏によって、舞台の前の空間にはダンスをする女性で一杯となった。

「私たちも踊りましょうよ」

と、踊りの輪のなかに入ったが、もう満員電車の中で揺られているような調子である。前の人にぴったりと密着して、足だけが小刻みに進んでいた。オマーン人の女性は豊満な体のうえに豊かな胸をもっている。その胸がリズムに乗って私の背中で波打っているから、小さな私は倒されそうだった。

「非常な幸福感を味わいました」

と男性なら、きっとそう言うと思う。それほど心地よいボリュームがあった。

ひとしきり踊った後、最大の御馳走のシュワ（山羊肉の蒸し焼き）や、カブーリという炊き込みご飯やオマーン風春巻きやサラダなどのディナーがでた。マホメットさんの結婚式では二十九匹の山羊が蒸し焼きになったらしいが、このパーティでは一体どれほどの山羊が蒸し焼きになったのだろう、とつまらない想像をめぐらしていた。

私たちは、SさんとSさんの友人のバルカさんとともに一つのテーブルにすわった。彼女は国際的に重要なあるポストについている方であるが、話振りからも知性的な感覚の持ち主ということが感じられた。オマーンには、こうした各分野で活躍する女性が多くいて、女性の才能を大いに発揮されているということだった。

ディナーでひとしきり雰囲気が盛り上がった後、入り口のあたりがざわざわしはじめた。

「皆さん、花嫁さんの登場ですよ」

と言う声はたちまちのうちに伝達されて、会場の千の熱い目が一斉に入り口に注がれたことは言うまでもない。

白いワンピースにピンクのブーケを持った天使のような少女の二人に先導されて、真っ白なレースのウエディングドレスを着て同じく真っ白なウエディングハットをかぶり、手には白いブーケを持って笑顔でゆっくり入場してきた花嫁さんの可愛いこと。全員が、

「ふうー」

と、ため息をもらした。そのため息と視線とをゆっくりと受け止めて笑顔で返し、落ち着いて静かに入場です。

花嫁さんが舞台の上に立つと、この光景は世界中共通だがカメラ、ビデオの洪水である。勿論、専門家のカメラマンが最初にとるのはどこの国でも一緒だ。

花嫁さんの写真撮影がようやく終わり正面の席につくと、またまた、花嫁さんのためのお祝いのダンスが始まった。

特に、花嫁さんのお姉さんの喜びに満ちあふれたソロのダンスが印象的だった。また、次から次へと入れ代わり立ち代わり踊りながら歌っている歌手に御祝儀を上げる列がたえまなく続き、会場は興奮のるつぼとなっていた。お祝いの時、御祝儀をあげることは日本でも慣習があり、古今東西、

人間の気持ちは一緒であることの思いを深くした。

結婚式もたけなわを過ぎたころに、花婿さんが白いデシダーシャの上に茶のピイシュット（正式の服装で日本の羽織のようなもの）を羽織り、茶の地に黒の模様の入ったムサールを巻き正装して入場して来た。

正装した五百人の女性の中に一人で乗り込んで来るのだから、随分と勇気がいることでしょうね。浅黒い肌をさらに紅潮させて、ただ花嫁を見つめて真っすぐに闊歩して来た。会場にも一瞬緊張した空気が流れましたね。私だって心の中で《あんな可愛い花嫁さんのお婿さんはどんな方かしら、ふさわしい方かしら？》と心配したり期待したりしているのですから。花婿さんが舞台に上がると、私たちもほっとし、花婿さんも笑顔を取り戻して花嫁さんのお隣に腰をかけた。なかなかお似合いのカップルだったので安心した。そこへ可愛い男の子と女の子が指輪の箱をもってきた。指輪交換の儀式である。こんなところは、全く現代風でどの国においても見られる風景である。またひとしきり、フラッシュの洪水である。それが終わるとウエディングケーキが運ばれた。ふたりがナイフでカットをして、そのケーキがみんなに配られた。このケーキを食べて二人の幸運にあやかったお客様からそれぞれ帰路についた。私たちも幸福のケーキをいただいた後、二人の幸運を祝福しながらなお華やかな雰囲気の残る会場を後にした。もはや、夜中の一時を過ぎていたようだった。

ふり仰ぐと濃紺の空に母なる月がひときわ煌々と輝いていた。

第九章　オマーン家庭事情

自分たちの国は自分たちの手で

私がオマーンに住みついてから早くも十年、その当時マスカットでは大きなホテルと中級ホテルを含めて五つぐらい、その他小さいホテルが五つぐらいだったのに、今や、二倍の数のホテルが堂々と建築されて、夜は七色のネオンに輝いている。また、三ヶ月前くらいに通った道のわきの空き地に立派なビルが姿を現しているのには、肝をつぶしてしまった。このように大きいビルがどんどん建築されているし、また、マスカット周辺の砂漠が立派な住宅街に変容しているので驚いてしまう。なお、近代化に向けての建築ラッシュである。近代化の道程は自由国、イスラム国に限らずどこの国でも同じであって、現在、オマニィゼイション（労働力のオマーン人化）が進んで、オマーンでも働く男女が増加して来ている。約五千人という最大の職員を擁するオマーン石油開発公社であるＰＤＯは現在オマーン人比率は七八％に達しているという。日本のＪ石油会社も七五％のオマーン人が働いているし、国営は勿論、各民間企業も順調にというのか、勿論色々な問題を抱えながらも、オマニィゼイションがどんどん進んでいる。先日、ＣＣＣというスーパーマーケットで、ブリティッ

シュ・カウンセルの同じ英語のクラスだったオマーン人青年に出会った。彼は少し汚れたブルーカラーの制服を着て、

「今、オマーン石油精製所で働いています。今度ぜひとも会社に遊びに来て下さい」

と、にこにこしながら話していたが、とても十年前の豊かな産油国のオマーンからは、また白いデシダーシャ姿の労働することをあまり好まなかったオマーン人からは想像もできなかった姿であった。

「働くことの大切さ」を身をもって体験し、「働いて得たお金」の貴重な価値を認識することは、若い時代の最も大事なことだと思う。日本では「働かざるものは食うべからず」という格言が昔から伝えられて来て現在も十分通用する言葉だと思うが、オマーンもただ石油だけに頼るのではなくて、自分たちの国は自分たちの手で創りだすために、自分たちが働くことの意義をしっかり認識すべきであると思う。

個人生活をエンジョイ

近代化が進んで行くと、今までの生活様式もどんどん変わっていく。車、テレビ、パソコン、携帯電話などの便利な生活用品も欲しくなり、生活水準は上がっていくのでこのオマーンにおいても、若い世代の一人の給料ではとても生活できない。オマニィゼイションという時代の流れと共に勢い共働き夫婦が増えて来ている。(オマーンは近隣諸国からの出稼ぎも多く八十〜百オマーンリアル

（約二万四千円〜三万円くらい）で簡単にお手伝いさんを雇うことができる）そうすると、今までの父親中心の大家族で住んでいた生活形態は少しずつ崩れてきて、若い夫婦二人で生活をエンジョイしようする個々の生活を大切にする生活形態に変化してきている。そして、アパートに住む共働き夫婦も増えているし、自分たちの家を持っている共働きの夫婦もいる。先日、J石油会社に勤めるマホメットさんの家庭に招待された。勿論奥さんは地方自治・環境省に勤める共働き夫婦である。彼はまだ三十八歳であるが、庭に噴水はあるわ、家の中にはステンドグラスの飾り窓はあるわの豪邸に住んでいて、びっくりしてしまった。

国民の真の幸せを望んでおられるカブース国王は、オマーン国民一人ひとりが勤務地に一区画、住宅地にもう一区画の土地を所有する施策を発表された。それを受けて住宅省がオマーン全土の区画地図の作成に力を注ぎ、そして、土地を持っていない国民は住宅省に申し込むと、一平方メートルが一オマーンリアルで買うことができるそうである。区画で買うようになっているので、六百平方メートル（約二百坪）なら六百オマーンリアル（約十八万円）で買うことができる。

「え！　二百坪が十八万円で買える？　嘘でしょう？」

なんておっしゃらないで下さい。これ、ほんとなんですよ。

一生に一軒の家も持てない人もいるほど、土地の高さに泣かされている日本人にとってなんと羨ましいことではないか。

また、オマーンでは、低・中所得者に対して政府が無利子で住宅貸し付けを行っているし、オマーン住宅銀行でも低利子で住宅貸し付け制度がある。それらを利用して若いうちから、自分たちの住宅が持てるようになっている。国民にとって良き政治がどんなに大切かを改めて認識させてくれた。このようにオマーンの国民一人ひとりを大事にする政治を目の当たりにみていると、まじめに働きながら、倒産した中小企業の社長さんや社員を含めて二万人のホームレスが大阪城公園にいると先日週刊誌で読んだが、その人達を救うことさえできない日本の政治の貧困さは絶望的であると言わざるを得ない。そんなに多くもない年金でオマーンで豊かに暮らしている日本人の私にとっても、ほんとうに胸が痛む話である。〝良心のある政治家はどこへ行ってしまったのだろうか〟

さて、話をオマーンに戻して、マホメットさんに面白い話を聞いたのでご披露しよう。オマーンは一九六三年まで、出生届けを受け付ける登録所がなかったという。病院で生まれた場合は、その病院が証明書を出してくれたので正確な年齢が分かるが、マホメットさんの場合は在宅出産であってお母さんは早くなくなったのでマホメットさんは年齢が分からなかったらしい。そこでマホメットさんがまだ幼児の時に医者に歯を見てもらって年齢を当ててもらったという。というのは、歯の生え方は人間は皆一様であるので、その歯の生え具合で年齢を当ててもらったのだそうだ。〝なあるほど〟と感心して話を聞いていたのだが、マホメットさんのにがみ走った顔を見ていると、三十八歳というのはどうもあやしいと思っているのだが……。

現在こうして、共働き夫婦二人で住む近代的な家族が増加しつつある。しかし一方、昔ながらの大家族に住んでいる人々も多くいる。

オマーン人と結婚した日本女性

オマーンには現在、オマーン人男性と結婚した日本女性が約七人くらい住んでいらっしゃる。宗教の違いや習慣の違い、はたまた食べ物の違いを乗り越えて立派に結婚生活を送られている。子供のいる家庭もあればない家庭もあるが、それぞれ夫の家族と交流を持って生活をされている。

オマーンには在留日本人のために日本人会があるので、日本人会にご夫婦そろっていろいろな行事に参加して私たち日本人と交流されているオマーン人の旦那さんもいれば、日本人の奥さんでも全くオマーン人の妻としてオマーン人の社会で、オマーン人の夫の家族や親戚・友人などとだけ交流されていて、私たち日本人とは一切付き合いのない方もいらっしゃる。

そのうちの一人Tさんは名古屋出身の女性であるが、なかなかしっかりした考えの持ち主でアメリカ留学中にオマーン人のAさんと知り合って、お互いに結婚したい気持ちがあったのだが、さすがTさんは

「両親の許可をもらってから結婚したい」

と、Aさんと共に日本に帰国してAさんを両親に紹介したのち、許しを得て日本で結婚式をあげられたという。その後、Aさんは先にオマーンに帰国されたが、

「オマーンの国が私たちの結婚を認めなければ、残念ながら私は絶対オマーンには行きません」

という堅い決意を表明されたので、オマーン人の旦那さんも相当努力されたのでしょう。無事結婚が認められて現在はこちらに住んでおられるが、オマーンは一九九三年十一月に今までにもう既

に結婚している人々の許可を受けつけて以来、国際結婚を認めないということである。それはいろいろな理由があるということであるが、先ずオマーン人の血統を大切にしたいということと、オマーン女性が結婚できなくて余ってくるという事情があるのと、今一つはこの国で働きたいために偽装結婚をする発展途上国の人々がいるためだというようなことを聞いたことがある。その他にも理由があるらしいが、しかし、そういう法律がある訳でなく、外国人と結婚する場合は、結婚する前に、「私は外国人と結婚します」という届け出をして内務省に許可をもらわなければならないという法律がある。届け出によって結婚する両者の宗教の問題とか、相手の女性は独身かどうかなどとか、家族の長がこの結婚に同意しているかなど調査される。それによって特別結婚の許可がおりたり、おりなかったりする。それにはなかなか時間がかかり、オマーンの国情にそわない人には許可がおりないそうである。

日本人女性のYさんはオマーン人のKさんとアメリカ留学中に知り合い、アメリカで結婚式を挙げて結婚証明書を持ってオマーンに住んでおられたが、二年前の一九九八年にオマーンから十一ヶ月のお嬢さんと共に強制的に日本に返されてしまった。この度、ご主人のKさんや、Kさんの友人、Kさんのお父さんの努力が実を結び二年ぶりにオマーンに戻られたが、これは結婚する前に「外国人と結婚します」という届け出をしないで結婚したために、オマーンの法律に触れたことになる。Yさんは「別に悪いことをしたわけではないのに、強制的に返されてしまって辛い思いをしました。二年で戻れたから、二年間の空白なら何とかまだ取り戻せるが、これ以上長引くと、父親と娘の関係ももとに戻らないでしょう。これから国際結婚もますます多くなると思うが、二度と私のような目にあわないように願っています」とおっしゃっていたが、全く同感である。また、政府高官などに頼めば許可が出ることもあるらしいというのが、ほんとうの実情みたいである。また、許可が出ていないのに結婚生活を送っている人もあるが、優しいオマーン人は見て見ぬ振りをしているらしい。しかし、中には国際結婚が許可されずにオマーンに住めなくなったインド人の奥さんとかアメリカ人の奥さんとかもいる。九三年以降でも結婚して許可をもらっている人もあるのに矛盾した話もある。

オマーンの家庭事情

Tさんの旦那さんは公務員である。Tさんはその家族と一緒に住んでいて、全くオマーン人の奥様と同様な生活を毎日されている。イスラム教国の男性と結婚した場合、必ずイスラム教に帰依しなければならないのは当然だが、まず外出するときは、黒のアバイヤ（上から羽織るコートのようなもの）を着てオマーンの女性と同じようにスカーフを頭にされている。

家族は現在、お父さんは亡くなられてお母さん、Tさんご夫婦、旦那さんの弟三人、妹二人とそれにコックさん、運転手さん、お手伝いさんの十三人家族である。Tさん夫婦は五男夫婦で男のお子さんが二人と今年生まれた女のお子さんがある。上のお子さんは幼稚園で、真ん中のお子さんは三歳である。勿論公立の幼稚園に通わせておられるので、毎日はアラビア語での生活である。しかし、日本に帰ったとき日本の祖父母とも話ができるように、お母さんとは日本語でお話しているので、アラビア語と日本語のバイリンガルである。そのうち、小学校にあがると英語も入ってくるので、トリリンガルになることは間違いない。

オマーン人の友人のナサさんと結婚されているyさんも女のお子さんが三人ある。毎日公立の小学校に通い放課後、日本人会補習授業校で日本語で授業を学んでいる。私がナサさんのお宅を訪問すると三人の子供たちは、

「エムラさん、エムラさん。今こんな勉強しているの」

と日本語でお話してくれるし、そこへナサさんの妹さんたちが訪れると、即座にアラビア語でお話をするというのだから、「へぇ!」と驚いてため息がでてしまう。子供の頭脳というのは、すごい! と思わずにはいられない。

さて、Tさんの旦那さんのお父さんは二十年以上も前に亡くなられているが、聞くところによると、お父さんの伯父さんがなにがしのお金をずっとお母さんに援助されていたが、その伯父さんも亡くなられたが、その援助はその息子に引き継がれているという。イスラムの教えであるザカート(喜捨)の精神がここには見られるし、また未亡人を大切に扱うという教えも生きている。お母さんは十人の子供を生んでおられるが、現在の年齢は五十二、三歳である。

しかし、面白いのは、先ず隣が長男の家、斜め向かいが四男の家、その向かいが三男の家、その裏が伯母さんの家、というように血縁を非常に大切にするオマーン人の伝統がよく現れている。

オマーンは強烈な太陽の輝く常夏の国であるため、官公庁・学校などは年中二時半で終了、銀行関係は十二時または一時で終了、一部四時半から六時半頃まで開くところもある。郵便局や会社・

商店などは一時半で終了し四時半から六時半頃まで開いているツーシフト制である。

そこでオマーンの家庭では、公務員や会社員の旦那さんや勤めている弟や妹、また子供たちの学校からの帰りを待って二時半頃より家族全員揃っての昼食がとられる。一日で家族全員が揃う時は昼食時であるから、一日で一番重要で豪華な食事となる。敷物が敷かれて大きなお盆やお皿に盛られた御馳走が次々と運ばれてその回りに全員が車座となり、団欒しながら一時間から二時間ほどかけて食事となる。子供達の学校であった話や、勤め先の話から、自分たちの事や親戚の事などいろいろな話が出てきて、大切なコミュニケーションの場となる。

Tさん夫婦はお母さんと一緒に住んでおられるので日本風に言えば母屋に住んでいることになる。Tさんにとってはお母さんは姑にあたる。日本の嫁とアラビアの姑である。最初はお互いに遠慮があったが、子供も三人できると遠慮もとれてお互いに我がままも出てくるらしい。姑がアラビア語で怒ってぶつぶつ言っていても、Tさんには何のことだか分からないので、

「ぶつぶつ何をいっているのよ」

という感じだし、Tさんが姑に腹を立てて、

「いやなばあさん！」と叫んでも姑はにこにこ笑っているので、喧嘩にならないという。

Tさんいわく、

「ワンクッションおくことはとてもいいことですよ」

とおっしゃっていたが、愉快な嫁・姑の関係である。そんなお話を伺いながら、そして高齢化社会の日本を想像しながら、オマーンの老人問題に触れてみた。

Tさんがおっしゃるには、やはり平均寿命が短いお陰で？（オマーン九九によれば、七一・六歳である）老人問題が日本のように社会問題とはなっていないという。また、家族関係も日本のように希薄でないためと大家族故に病気になったお年寄りは家族が代わりあって看病しているというし、それが当たり前として受け取られているという。そこにも大家族の良さがあるのではなかろうか。

金曜日のお休みは周囲に住む長男夫婦や次男夫婦や三男夫婦などが子供達を連れて集まるので、三十人以上の大家族となって大宴会が開かれるそうである。古きよき時代の日本の姿をそこに見ることができるし、また古きよき時代のオマーンがまだ継続されていると言っていいだろう。

お客を大切にするオマーン人

一九九九年の十二月三十一日、ラマダンもあと八日を残す夜、Tさん夫妻の伯父さんの家のイフタールに招待して頂いた。イフタールというのは、断食あとの最初の食事で五時半に始まる。伯父さん夫妻が玄関で「よく来てくださった」と大歓迎してくださった。次から次へとお客さまがいらっしゃるが、夫婦で訪問しても男性は男性だけの部屋、女性は女性だけの五十帖ほどもある大きな部屋に通される。絨毯が敷いてありその上にビニールの敷物が敷かれている。その部屋に親戚の方々が次々と来られてお互いに抱き合ったり、握手をしたりして挨拶をしておられる。

Tさんが「この方が長男の奥さんで、Aさんです」と私に紹介されると、「よく来られましたね」

断食後の最初の食事〝イフタール〟Tさんの伯父さん宅にて

と頬を私の頬に寄せて親愛の挨拶をされる。弟の奥さんの友人だからと親しい関係の挨拶である。「あの方が次男の奥さんです」でまた頬と頬と寄せて挨拶する。「向こうにおられる方が長男の奥さんのお母さんです」で握手。「この方がお母さんの妹さんで」と次々に紹介されて挨拶していくが、もう頭の中はこんがらかって誰が誰だか、さっぱり分からなくなってしまったが、皆さんがとても歓迎してくださっていることだけが肌を伝って感じられた。しかし、Tさんの旦那さんのお母さんに紹介してもらったときは見るからに優しそうなお姑さんで「この人もやっぱり嫁に腹を立てるときがあるのかしら」と思うくらいだった。

賑やかにあちこちでおしゃべりが始まっていたが、子供も入れるとほぼ五十人くらいがビニール卓のまわりに座るとまず大鉢のチキンスープが出された。一人ずつが自分の器にとって食べ始めた。なかなかこくがあっておいしいスープであった。

そのスープを飲んでラバンというヨーグルトを飲んでデーツを二粒ほど食べると、部屋の隅でお祈りが始まった。これは日没後のお祈りで断食のあと少し食物をおなかの中に入れてからしなければいけないということであった。そのお祈りがすむと本格的な御馳走がでた。ローストチキンやチキンカレー、サモサ、春巻き、サラダ、白いご飯、カブール(鶏肉、羊肉などの入った炊き込みご飯)など、男性と合わせて今晩のお客さんは約百人、「この食事は一体何人で作るの?」と素朴な疑問をTさんに投げかけてみた。「メインの料理は伯父さんの家でしますが、親戚の方々もそれぞれ一品ずつもって来られるのですよ」ということであった。Tさんも「私がこれを作ったのよ」となかにピスタチオの入ったしゅうまいのような手作りのお菓子を頂いた。ピスタチオが皮とマッチしてなかなかいい味であった。

日本でも近頃は各自が一品ずつ持参してのパーティが大流行りであるが、オマーンでもこうした合理的な方法が積極的に取り入れられている。

オマーンにも作法がある

オマーン人は礼儀正しく日本人と似たところがあるといわれている。オマーン人宅を正式に何人かで訪問すると、目上の方や年長者に対するきめ細かい配慮がなされている。日本のように上座とか下座などはなく、ぐるりと輪になって座るが、まず果物が大きなお盆に盛られて出される。果物なども年長者や目上の人が頂いてから年少者や目下の者が頂く。次にヘルワ(オマーン風ういろう)

とオマニィコーヒーが出される。ヘルワとオマニィコーヒーは日本の羊羹と緑茶のような関係である。

給仕する人は主として招待して下さった家の若い息子さんであるが、ヘルワは大きな一つの器に入っているので、右の親指、人差指、中指を使って縁のあたりから一すくいすくい上げて頂く。次にヘルワをすくった指を洗う水の入った容器が出されるので、指を洗って出された手拭きでふく。その後、オマニィコーヒーの入ったポットとカップ（中国茶のような小さなカップ）を持った息子さんがきて順番にコーヒーが注がれる。このとき、ほぼ同年配の友人で年齢、目上の区別がない場合は、右回りからサーブされる。しかし、一座のなかに年長者や目上の方がいると、まず年長者や目上の方にサーブされる。コーヒーをサーブする人がうっかり年少者や目下からサーブしようとすると、決してその当人はサーブを受けようとしないで、年長者の方を見て「あの方から差し上げてくれ」と言われるので、サーブする人はあっちへ行ったりこっちへ回ったりして大変忙しい目にあうことがあるということだった。

出席者のＯＰＩＮＩＯＮ（意見）ＲＥＳＰＥＣＴ（尊敬）ＡＧＲＥＥＭＥＮＴ（同意）をもとにした配慮によりサーブされるということだが、オマーンではこういった配慮がいろいろな場で生かされているからこそ住みよいのではなかろうか。

またオマーン人は芳香をこよなく愛する。男性のナショナルドレスの首の横に糸をよったような飾りが下がっているが、あれに好きな香を含ませておいて時々匂いをかぐらしい。男性のおしゃれである。凄くきつい匂いを撒き散らして行くオマーン女性もあるが、アラビアの歴史のなかには古くから芳香を大切にしてきた文化がある。特にオマーンは紀元前のシバの女王の時代から乳香があり、人々の間で広く用いられて来た。

香の用い方としては、男性も女性も衣服に染み込ませるが、その他来客が来られたときとか、食事を済ませた場合家族でお香をたくとか、敬虔なモスレム家庭では毎金曜日の朝すべての部屋でたく。これは聖なる休日にお香できよめる発想らしい。

一般的なケースとしては、オマーン人の家に訪問したときに、果物、ヘルワ、コーヒー等が終わったときにお香がたかれる。お香がたかれると応接の終わりを意味するので、客も帰り支度をする。オマーンではこのような作法があると聞いている。

財布のひもは旦那？

オマーンでも近ごろはどこにでもショッピンクセンターができて、買い物客で賑わっている。朝早くから夜遅くまで営業のスーパーマーケットも開店した。そこにご夫婦で買い物に来ている人もあれば、子供づれで来ている人もあるし、旦那さんだけで来ている人もあれば、奥さんだけで来ている人もあるし全く多様である。しかし、デシダーシャ姿のオマーン人の旦那さんが一人で、野菜から魚から日用品までカートを山盛りにして買い込んでいる姿をスーパーでは毎日見かける。日本でもこの頃は買い物はご夫婦で出かける人が多くなってきているが、日本では一応財布のひもは奥様が握っているのではなかろうか。

Tさんに聞くとオマーン式では、〝財布のひもは旦那〟らしい。でもナサさんのお父さんは六十代の一世代前のオマーン人家庭であるが、〝財布のひもはお母さんだ〟という。共働きのナサさんに聞くと、財布のひもは全部奥さんだという。

そこで知り合いのオマーン人にいろいろ聞いてみると、〝財布のひもは旦那〟というのはオールドスタイルで今や、奥さんが家庭にいる場合でもわが家は〝財布のひもは奥さん〟というところも少なくないらしい。また、共働きのご夫婦は自分が得たお金は自分で管理しているとおっしゃるご夫婦もあるし、オマーンでもそれぞれのご夫婦の間で財布は多様な方法がとられていると言っていいだろう。

しかし、五〇%くらいのオマーン人の旦那さまは〝財布のひもは旦那〟の伝統的なスタイルを守っているらしい。

イスラムのお葬式

トレッキングの好きなNさんと時々郊外に出かけると、山のふもとなどに石ころが一杯散らばっている。

「あれ、見てご覧なさい。石ころがちらばっているでしょ。あれ、何だと思う？」

と言われて、よく見てみるとなるほど、その場の土と同じような色のなんのへんてつもない小さな石が転がっている。

「あれはね。お墓なのよ」

「へえー？　お墓なの？　実にシンプルね」

と、感心してしまった。

コーランによると、人間は土から造られたものだという。そして、死ねば霊魂は肉体から抜け出して宇宙にさまよい、神の審判を受けて、生前善行を積んだものは天国へ行けるし、悪行を積んだものは地獄へ落ちるという。人間の両肩には天使が一名ずついて、善行は右肩の天使が記録し、悪行は左肩の天使が記録しているという。だから左手は不浄の手と言われているらしい。霊魂の抜け出した肉体はたんなる土であるから土に帰るだけである。だから土葬される。聞くところによれば、男性は頭と足のあたり二か所に石を置き、女性は頭と腹と足のあたり三ヶ所に置くと言われている。


お別れをするお葬式はありますが、それでおしまいなんですよ。皆さん！　お墓参りも一切ありません。日本のようにやれ、戒名をつけるの、戒名代が何万もするの、四十九日だの、一年だの三年だの、お布施代など一切ないのですから、実に簡単ですね。この点については日本も見習うところがあるのでは？

でも近頃は日本も、〝自分が死んだらお墓には入りたくないから、灰を海に撒いてほしい〟とか、〝音楽葬にしてほしい〟とか遺言する人があって、死んだ後のいき方も個性的になってきているように思う。

第十章　皇太子ご夫妻オマーンご訪問

オマーン発見

一九九四年十一月三十日、インドネシアで一緒だった友人のAさんから一通の手紙が届いた。

「あなたがテレビに映っていたわよ」

という内容だった。それは十一月十一日にオマーンの在留邦人の一人としてアルブスタン・パレスホテルで皇太子・雅子ご夫妻とお会いしているときの様子が日本のテレビで放映されたとき私が映っていたというものだった。私は全く気がついていなかったのでとても驚いた。

「接見のときの私が映っていたのですって」

「え！　ほんとう、よかったわね。私なんか映るかと友達がずっと見ていてくれたということだけど、〝映っていなかった〟って言っていたのに」

と、オマーンの友人たちに盛んに羨ましがられたいきさつがあった。

一九九四年十一月六日より十五日まで初めて皇室の代表として皇太子・雅子ご夫妻が中東四ケ国のバハレーン、サウジアラビア、オマーン、カタールを親善訪問されたことによって日本のテレビ局が密着取材し、こぞってその様子を放映したことを覚えている方もあると思うが、その時中東にオマーンという国があることを発見された人も多かったにちがいない。そのオマーンに一九九〇年から一人のシルバーウーマンが住んでいた。それが私であるが……

さて、オマーンはアラビア半島の東に位置していて、東側はオマーン湾、アラビア海に面していて日本と同じ海洋国家である。オマーン人は昔から航海術にたけていて大きな船を使いインド洋や遠くは中国まで航海して海で活躍していた。船乗りシンドバットはソハールの人と言われている。一方北側はアラブ首長国連邦、西側はサウジアラビア、南側はイエメンと国境を接していて国土の八〇％が砂漠という国でもあり、ラクダを生活手段に用いる砂漠の民でもある。

面積は約三十万平方キロメートルで、日本と比べると北海道を除いた大きさということが言える。人口は約二百二十八万人であるが、そのうち約六十万人が外国人である。インドやパキスタン、バングラデシュ、スリランカ、フィリピン、エジプトなどからの出稼ぎの人々が多く、その他、イギリスの保護国であった関係からイギリス人も多い。オランダのシェル石油がオマーン石油開発公社に参画しているのでオランダ人も多い。その他、シリア人、レバノン人、アメリカ人、ドイツ人、韓国人、中国人、日本人等、世界各国の人々が集まるコスモポリタン国家であり、公用語はアラビア語であるが、「公用語は英語よ」と言ってよいほど英語がまかり通っている。

オマーン人は人口が少ないため広い家に住んでゆったりと生活できるのはあたりまえかも知れない。

季候は砂漠型気候であり、地域によって高温多湿型、高温乾燥型に分れる。一年中夏であるが、しかし十月から四月頃までは日本の秋のようなさわやかな季節であり、この季節を一般に冬と呼んでいて観光シーズンである。この冬の季節に雨が数回降るだけである。五月から九月までは四十度以上の猛暑が続く。

この小王国オマーンへ日本の皇太子ご夫妻が訪問されるので、オマーンでも連日新聞報道やテレビ報道で国民の関心を盛り上げていった。

十日の新聞の第一面には皇太子ご夫妻が無事オマーンのシーブ・ロイヤル空港に到着されてスウエイニ国王代理殿下と握手されているところが大きくカラー写真で掲載されていた。オマーンの青い空と真っ白い日本の飛行機のコントラストをバックにして新鮮なカップルが実にさわやかで、この写真を見ただけでオマーン人は、

「すてきなカップルですね」

「雅子様はとてもきれい」

と、話していたのでオマーンと日本の友好はもう半分成功したといってもよかった。

在留邦人と会見

かねてよりオマーン在留邦人には案内があり、皇太子ご夫妻とは十一日の午前十時よりアルブスタン・パレスホテルのパール・ルームでお会いすることができた。接見のあと、国王の船でクルージングにいらっしゃるということで、皇太子様はグレイのスーツ、雅子様はかるやかな水色のスー

ツと白いスラックススタイルでお会いした。

お二人はにこやかな笑顔とともに在留邦人一人一人に公平に話しかけられた。

〝もうすぐ私の順番だわ〟と心待ちにしているところへ雅子様がつかつかと目の前に来られて、

「私はサウジアラビアからオマーンに来ましたが、サウジアラビアでは女性は黒いベールを頭からかぶっていましたが、オマーンの女性は黒いベールもなく明るく美しい衣装を着ていましたので驚きました」

とお話しされたので、私は常々王様を尊敬しているのでつい思っていることが口に出てしまい、

「ええ、オマーンの王様は賢い方で国民のために良い政治をされておりますから、オマーンはとても自由で明るい国です」

とお答えした。雅子様は笑顔でうなずいていらっしゃったが、後で周囲の友人からは
「あんなふうにお答えしたら、うなずくしかないじゃないの」

と大いに笑われたが、しかし少しお話ししただけだったが、にこやかな笑みとともに少しも飾らない雅子様に私たちはとても好感を持ったことは言うまでもなかった。

在留邦人との接見が終わった後、パール・ルームをおでになられたとき、泊まっていた日本人ツーリストがお二人を見つけて、

「皇太子様だ」

「雅子様だ」

と、喜んで写真をパチパチ撮っていた。お二人もにこにこされて写真に撮られていらっしゃった

が、オマーン側の警備の人々もにこやかに見守っているだけだった。

大らかなオマーンのお国柄がそうさせたにちがいないが、日本も皇室に対してあまり過度の警備になりすぎると、民主国家としてふさわしくないと思う。こういった点はオマーンや他の国に見習うべきではなかろうか。

オマーンではお二人ともとてもリラックスされて楽しまれたと聞いている。

愉快な後日談

日本人会のなかに婦人部会があって、いろいろな行事を通して女性同士のコミュニケーションを深めている。大使夫人は婦人部の名誉会長である。皇太子ご夫妻がカタールへ無事出発された後に婦人部会があり、そのときにその当時のI大使夫人も出席されてとってもおきのお話しを伺うことができた。I大使夫人は役目上オマーンご訪問中ずっと皇太子ご夫妻に付き添って行動をともにされたので、そのときのご様子などを伺うことができた。

カブース国王は皇太子ご夫妻をとても歓迎されたということだった。国王は人見知りされる方らしいが、お二人にはとても好感をもたれたという。そして皇太子ご夫妻もまたカブース国王に好感を寄せられて随分親しくお話しをされたということだった。

第一日目は皇太子様は男性のみ、雅子様は女性のみというイスラム国の慣習にそって別々の晩餐会に出席された。第二日目はニズワ（オマーンの歴史的な古都）へ行かれてニズワ城を見学され、その後砂漠のテントの中でカブース国王と昼食を共にされて日没までご一緒されたということだが、ここでも随分親しくお話されたということだった。カブース国王はクラシック音楽に造詣が深く、特にモーツァルト、ベートーベン、ハイドン、ブラームス等がお好きであると聞いている。また、ご自分でも作曲されるということで、国王が作曲された音楽を共に聞かれたり、また、料理をされることもお好きで、今回の昼食のメニューは国王がすべて考えられたということだった。お料理を共に食べながら

「この料理はここでしかたべられませんよ」

とにこにこしておっしゃったとか。

日没前には広い砂漠の中で、大人や子供たちが百頭のアラブ馬やラクダに乗って歓迎のデモンストレーションやパフォーマンスをしたが、日没前の大きな夕日が砂漠を赤く染めたなかでの馬やラクダのデモンストレーションは素晴らしかったらしく、非常に強い印象を受けられたということだった。

この後、日本総理府が毎年行っている世界各国の青年の交流の場としての世界青年の船に乗ったオマーンの青年たちとお会いになり、友好を深められた。

オマーンで最後の日は在留邦人との会見、その後、王様の船でオマーン湾をクルージングされたのであるが、I大使夫人がそばで見ていてほほえましくなるほどお二人は仲がよかったそうで、

「楽しかった」

「楽しかった」

と、いつもお二人でおっしゃっていたということだった。三日間という短い期間で、そのうえ過密スケジュールだったが、若いお二人はいつも笑顔で多くのオマーン人とお会いになって十分日本とオマーンの友好を果たされて良い印象をオマーンに残して、次の国カタールに出発された。

僕、お魚?

在留邦人と会見の時、円く並んでお待ちしている邦人にお二人は笑顔で交互に声をかけられていたが、その当時、オマーン漁業省に勤務されていたジャイカの若いNさんに雅子様が

「どんなお仕事をされていますか?」

とお尋ねになったので、Nさんは、

「魚関係の仕事をしております」

と答えられたら、雅子様は前にいらっしゃる皇太子様に向かって、

「ねえ、あなた、あなた、この方お魚ですって」

とおっしゃったとか、Nさんや周囲の人には聞こえたらしいので、Nさん曰く、

「僕、お魚じゃあ、ありませんよ」

と小声で言われたとか。後でそのお話を聞いて私は思わず笑ってしまい〝なんて雅子様って飾り気のない可愛らしい方なんだろう〟と思った。全く楽しくなるような後日談であった。(多分、〝あなた、あなた〟と聞こえたのは〝殿下　殿下〟の間違いだと思うのですが)

幻の新聞

私は日本人会発行の新聞「さらーむ」の編集委員をしているが、今回の皇太子ご夫妻のオマーンご訪問に関しては編集委員会でオマーン滞在中のお二人の写真をできるだけ多く掲載して本文は日本大使館員の方にお願いして、カラー刷りの豪華な特別号にすることに決定した。

私が原稿をワープロで打つことになっており、最初に大使館より送られて来た原稿を読んで「うーん、こんなこと載せていいのかしら、でも、これはとても皆さんが知らない大使館の苦労話で興味のそそられる内容でおもしろいぞ」

と思った内容だった。F編集長や他の編集委員も同意見であった。

そこで腕によりをかけてカラー刷り二枚で仕上げた。美しいカラー刷りで完璧な出来栄えだった。そしてその当時のF編集長が発行日の午前中に大使館内にある各個人のボックスに一枚ずつ配られた直後、その当時のI大使がこの内容をご覧になって〝もしサウジアラビアにこの内容が漏れたりしたら、外交上良くないことが起こってはたいへんだ〞と判断されてこの新聞は全部回収、廃棄処分になってしまった。何度も校正して素晴らしい出来栄えで皆さんに喜んで頂けると思っていたのにと、大変残念に思ったが、I大使の判断なので仕方がなかった。そして新たに内容が変更されて写真は前回と同様で再発行した。

あれからもう六年、時効になっていると思うのでその時の幻の新聞も一緒にここに掲載することにした。

第十章　皇太子ご夫妻オマーンご訪問

発行された新聞

平成6年12月1日　皇太子殿下・妃殿下オマーン御訪問特集号　オマーン日本人会かわら版

さらーむ

第57号

皇太子殿下・同妃殿下のオマーン御訪問

十一月九日午後、秋晴れ（?）の中、日本政府専用機が無事にオマ ン・カブ ス国王専用飛行場に到着した。

オマ ン側の出迎えには、スワイ二国王代理殿下、サイイダ・バ サ（ファハド閣僚評議会担当副首相夫人、雅子妃殿下のカウンタ ・パ ト）をはじめ、王族、閣僚、GCC各国大使等多数が参加した。

飛行機を降りられた両殿下は、出迎え者に挨拶をし歓迎式典に臨まれた。厳かに両国国歌が吹奏された後、皇太子殿下とスワイ二殿下は儀仗隊の閲兵をされ、次いで空港内の貴賓室へお入りになり、そこで一行にオマ二・ハルワとオマ二・コーヒーが供された。このように和やかに、またゆったりと始まった両殿下の御訪問は、天候にも恵まれ（当地では珍しいことではないが）、オマーン側の熱烈な歓迎を受けて、大成功に終わった。両殿下の当地滞在中、殆ど全ての行事にスワイ二国王代理殿下及び接伴大臣のマクブール商工大臣が同行する等、オマーン側の接遇振りは異例と言えるほど手厚いものであった。当地のプログラムをしばし思い出しながら振り返ってみようと思う。

ブスタン・パレス・ホテルに御到着になった両殿下は、早速九階のスイ トへ。この階は、通常は国家元首にしか提供されず、カブ ス国王の専用スイ トの他、GCCサミットの時には各国元首が泊まるスイ トとなっており、一番最近ではフランスのミッテラン大統領が二年前に来たとき以来、使用されていなかったもので、今回はカブ ス国王の特別

ことからも、今回の両殿下当国御訪問は、国王によって、極めて異例の厚遇を受けた訪問であったことが伺われる。

一日目の夜は、皇太子殿下は、スワイ二殿下主催の歓迎晩餐会に御出席になり、皇太子妃殿下はオマ ン婦人協会主催の歓迎パ ティ に御出席になられた。妃殿下が御着物で御出席になられたパ ティ は、民族舞踊、ファッション・ショ 等が催され、短時間の中にも多彩なプログラムが含まれていた。

二日目の十日、一行は内陸の古都ニズワ市へ。ヘリコプタ でしばし空の旅を楽しまれ、ニズワに到着された。御到着後、ファラジュ・ダ リス、ニズワ・フォ トの御視察をされ、オマ ン側の説明に熱心に耳を傾けておられた。フォ ト前では、居合わせた観光客や現地の人々の熱烈な歓迎をお受けになった。ニズワ・フォ ト前がこんなに混雑したのは、オマ ン始まって以来ではないかと思わせる程であった。その後、完成したばかりのニズワ・ホテ

実はこのホテル、正式のオープンは十一月十二日、一般に開放されるのは十二月一日ということであったが、この両殿下の十一月九日の御訪問に間に合うように突貫工事がなされ、数日早く完成されたものであった。また、御訪問直前には、国王が自ら足を運んで工事の様子を視察されたとも聞いている。

同ホテルで御休憩になった後、砂漠（土漠）の中のロイヤル・キャンプへ赴かれ、国王専用旗のなびくロイヤル・テントにて国王に表敬された。表敬は、国王の雅子妃殿下への御配慮であろうか椅子で行われたが、この和やかな歓談の後、お互いにプレゼントを交換され、次いですぐ隣にある昼食用の特別のテントに移られた。そこでは、オマーン軍近衛兵楽団による演奏を楽しまれながら、ゆったりと御昼食をとり、国王と歓談された。

この午餐会の後、両殿下は隣接した場所に設けられた別のテントで、「ラクダと馬のショー」を御覧になられたが、このショーは、整然としたラクダの行進、アラブ馬の曲乗り、調教された馬が騎手の命令で地面に寝てしまう場面等があり、砂漠の雄大な夕日を背にしたラクダの群れがシルエットになって浮かび上がるといった風景と共に、御一行に強い印象を残したプログラムであった。

ショーの終わりに、綺麗に飾り付けられた一頭の馬が引き出され、国王より皇太子殿下に寄贈された。この馬は、日本の春に輸送される予定であるが、我が国皇室とオマーン王室の友好のシンボルとなるものと期待される。

ヘリでマスカットに戻った一行を待っていたプログラムは、オマーン・日本友好協会が主催した「世界青年の船」参加のオマーン人写真家による作品が展示された写真展であった。オマーンの子供達が花束のプレゼントをしたり、オマーン産の銀製品の説明を受けたりと、とても楽しいアレンジがなされたものであった。

十一月十一日、両殿下は在留邦人との御接見を終えられた後、王立ヨット・ハーバーへ。一時間のマスカット港周辺の海上遊覧を楽しまれた。「カンアド一号」（キング・フイッシュ一号）と名付けられたクルーザーで、バンダル・ジュッサ・ビーチまで行き、奇岩や美しい海岸の風景を楽しまれ、また、マスカット王宮付近の風景を海上から御覧になった。この時、一行の胸中には、マスカットの風光の明媚さが深く刻み込まれたようである。事実、一行の中には、この海上遊覧を今回の各国訪問のメイン・イベントとして期待して来た者が多かった。

この様に、両殿下の二泊三日にわたる当国御訪問はあっという間に過ぎ去ったが、両殿下にはオマーンの美しさとオマーン側の心暖まるもてなしに強く印象づけられながら、当地を後にされた。

最後になりましたが、御協力頂いた全ての方々に衷心より感謝の意を表したいと思います。

（在オマーン日本大使館）

幻の新聞

さらーむ
第５７号

皇太子殿下・同妃殿下の オマーン御訪問

もし雨が降ったら、それとも土砂降りだったらどうしょう。」などと、普段全くする必要の無い心配に頭を悩ませつつ、十一月九日を迎えた。

天気、快晴。とりあえず空港での歓迎式典に傘を準備する必要はなくなった。あとは全て予定通りに「事」が運ぶのを祈るより他はない。しかし…。

午後一時、サウディアラビア日本大使館からブスタン・ホテルの大使館連絡室に電話が入った。曰く、「サウディの皇太子が見送りのために空港にくる筈なのに来ていない。一行はもう三十分以上も待っている。」

「さすがサウディ」と感心する一方、こちらへの到着時間が遅れるということは、一行到着後の荷物を晩餐会の始まる前までに配達し終えるのか？との心配が起こる。出だしからこの調子では、この先…？という不安を払いのけつつ、空港で到着をまった。

一行到着、式典の後ブスタンへ。

何とか無事に、と思いきや、プレスの人達のＩＤカードを作る警官がインターコンに来ていないとの報。冷や汗が頬を伝う。これを何とかクリアし、晩餐会へ。

会場のガルフ・オブ・オマーン・ルーム前で集合の予定の筈が、皇太子がエレベーターを降りて来ても、日本側随員は殆ど来ていない。これには悠長なオマーン人もびっくりし、一同顔面蒼白になった。実は随員は当地外交団と共に別の入り口前に集合していて、皆不思議に思いつつも、誰ひとり言い出す事なくおとなしく待っていたのだった。

失敗は次からの成功に結び付く。この失敗を学んだ大使館員は、この後、夜を徹して次からのプログラムへの案内をいかに成功させるか、秘策を練った。

十一月十日、快晴。傘の必要なし。陸路ニズワへ。

ニズワでの休憩所は「ニズワ・ホテル」。何とオープンは十一月十二日の予定。一般開放は十二月一日。十一月に使用する我々は…？誰がどう考えてもこのホテルの完成は間に合う筈がなかったのだが、何と前日の九日に完成してしまったのであった。

電気は？水は？電話は？不安材料以外何も無いこのホテルに対し、二日前より先遣隊が日帰りで往復して準備に当たったのであった。すべて一応の形が整ったのは一行到着の五分前。何という綱渡り的場面であったろうか。

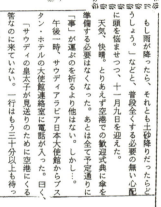

かたや一行はそんなことは露知らず、空から眺めを楽しみながらヘリでニズワに到着、ヘリポートからファラジュ・ダーリス御視察へと向かわれた。ヘリポートで待機していた我々は、一行の随行員と共にさっそうと（?）バスに乗り込み、いざファラジュへ、と向かうはずが、何を考えたのかバスの運転手は、誰もいないニズワ城に向かった。ファラジュへ引き返そうにも、渋滞でお手上げ状態。仕方なくニズワ城で一行を待った。その後ニズワ城御視察も無事終え、休憩所のニズワ・ホテルへ向かった。準備万端整っての受け入れであった。そして、午後はロイヤル・キャンプへ。

国王専用旗の翻るテントにて、両殿下は国王と親しく懇談された。と突然、オマーン側儀典官から、懇談の終わりにプレゼント交換を行うとの指示。我々は皇太子殿下を始め、テントにいた一行の誰ひとりも事前に知らされていなかったプレゼント交換が行われた。続いてプライベートの昼食会。ロイヤルガード音楽隊が心地よい調べを奏でる中、一同はゆっくり午餐を楽しんだのであった。（しかし、砂漠での昼食は日光の当たる側にいた方には、大変暑かったようである。）

食事を終えると、「らくだと馬のショー」が催され、食後のひととき、しばし勇壮ならくだと馬の隊列や見事な曲乗りを御観賞なされた。ショーの終わり、突然綺麗に飾られた一頭の馬が登場、一同もしや！と思った通り、これまた誰ひとり知らされていなかっことであったが、国王より皇太子殿下にプレゼントされたのであった。この時大使館員の頭の中は思考が停止して真っ白であった。

十一月十一日、快晴。またも傘の必要はなかった。パール・ルームにて在留邦人接見が行われた。ロビーには偶然数人の邦人観光客が居合わせ、歓声が上がる。何と運の良い人達…。

その後、海上御遊覧のため王立ヨットハーバーへ。クルーズはジュッサ・ビーチでゆっくりと海岸・奇岩を観賞した。気持ちの良いプログラムであった。ハーバーに予定時刻ぴったりに到着、ほっと胸をなでおろす館員を尻目に、オマーン側はサービスで国王専用船「ジーナトル・ビハール」号へ両殿下を案内。当然の事ながらそれを事前に知るものは誰ひとりいなかった。

慌ただしくも充実した三日間が過ぎ、国王を始めとするオマーン側のサービス精神一杯のもてなしのお陰で、御訪問は大成功に終わり、両殿下にもオマーンの印象は殊の外強く残った御様子で、当国を後にされたのであった。

最後にこの場を借りて、御協力下さった全ての方々に衷心よりのお礼を申し上げたいと思います。有り難うございました。

（在オマーン日本大使館）

第十一章　アラビアのお姫様

ブサイナ姫

私がオマーンに来た当時、

「日本人の血をひくお姫様が王室にいらっしゃるそうよ」

「え？　本当なの。それ？」

「勿論、本当よ。カブース国王のお祖父さんのタイムール元国王が日本に行かれたとき日本女性を奥さんにされたらしいの。そのお子さんがここにいらっしゃるらしいの」

「なるほどね」

「だから、カブース国王の伯母さんに当たるわけよ。国王よりは三つほど年上らしいわ」

と、いう話で全く驚いてしまった。

この中東の国の王室に日本人の血を引くアラビアのお姫様がいらっしゃるとは、全く興味津々であった。かつて私が滞在したインドネシアにも大統領夫人に日本女性がいたが、オマーンの王室にも日本女性の血を引くアラビアのお姫様がいらっしゃるとは、日本と深いつながりの国に滞在することが何か不思議な気がした。しかし、それはあまり公表されていない。というのも、そのお姫様はほんの幼いときに日本人のお母さんが病死されたため、オマーンに連れて来られてアラビア女性として育てられたので、日本語は全く話せないということであった。

一九九一年にブサイナ姫について興味深いお話を当時のO大使夫人から伺った。ブサイナ姫の異母兄にあたるターリック殿下のお葬式の時にO大使夫人はブサイナ姫にお会いになったそうである。同じ日本人の血が呼んだのであろうか、お隣の席にお座りになった。ブサイナ姫は頭から黒のアバイヤを被っていらっしゃったから、全くお顔は見えなかったらしい。でもすぐに親近感が芽生えて色々話されたという。

その時、ブサイナ姫はO大使夫人に、

「私は顔は日本人の母親から、体はアラブ人の父親から頂きました」

と、話されたそうである。そのとおり、肉付きがよく大柄な方だったそうであった。

そんなお話しを伺いながら、この頃はどうなさっていらっしゃるだろうか、と想像を駆け巡らせていた。

というのは、一九七三年に週刊朝日の編集部記者であった下村満子さんが、日本人として初めてこのブサイナ姫に会見された記事を読んだからである。それによれば、オマーンに連れて来られたブサイナ姫は随分苦労されたらしい。父であったタイムール元国王はあくまで自由人であったのだろう。ブサイナ姫を宮廷に預けたまま、インドに行かれてそこで亡くなられたという。前国王のサイード王は暴君であったため、息子のカブース国王も幽閉したが、ブサイナ姫も幽閉した。三十年間一度も外に出ることを許さなかったという。そして、次々とある結婚話もサイード王が全部壊されたそうである。

現カブース国王になって、国民も自由になるとともに、ブサイナ姫も自由になり、人間らしい生活をおくられるようになった。また、一九七八年には初めて日本を訪れて、お母さんのお墓参りもなされた。さぞかしうれしかっただろうなと想像している。

バドルの伯母さんはブサイナ姫だった

オマーンのテニス愛好家たちはトーナメントに出場することをとても楽しみにしている。二〇〇〇年の四月に入って、六つのテニスコートを持つマスカットインターコンチネンタルホテルはメンバーであるテニス愛好者のために、デビスカップテニストーナメントを開催した。喜んだのは各国のテニス愛好家たちである。早速、オマーン人たちはオマーンチームづくりを、イギリス人たちはイギリスチームを、フィリッピン人たちはフィリッピンチームを、パキスタン人たちはパキスタンチームをというようにチームづくりに走りまわった。

日本人チームもテニストーナメントでは、いつも優勝したり、上位入賞の実力派であるスティーブン・Kさん夫妻を中心にチームづくりがなされた。メンバーはスティーブン・K夫妻、仕事以外はテニスに打ち込み体力には自信のあるS商事のIさん、オマーンLNG社の可愛い三人姉妹のお嬢さんを持つSさん夫妻である。その他、IさんのI友人で鋭い切れ味のサーブを得意とするN商事のMさんもメンバーだったが、仕事の都合上出場されなかった。

こういったホテルのデビスカップトーナメントは勝負とは別に国際的な友好のきずなを深める目的があり、またテニスを楽しむという娯楽的な要素も多分にあるので、一方的に強いチームは嫌われてしまう。ほどほどのチーム同士でゲームをするのが面白く見ているほうも楽しい。

友人のバラカットもあまり強すぎるので、ほどほどのチームをつくろうとユナイテッド・ネイションン（国際連合）チームをつくりキャプテンに就任した。その名のとおり国際混成チームである。イギリス人のピーターと結婚されて日本語よりも英語の方が堪能な日本人のTさん、Tさんの息子さんのハンサム大学生のM君、I石油のSさんの奥さんで知性派のNさんとスポーツ万能のお嬢さんの高校生のNちゃん、大使館員で抜群のテニスの腕前をもつN夫妻、そして私も加わったお陰で？ほどよいチームができあがってバラカットは大喜び？　勝つことよりもチームの交流が大切です。

日本チームも別のゾーンで懸命に善戦していたが、優勝には及ばなかった。残念！　残念でした。

さて、バラカット率いるユナイテッド・ネイションンチームは準優勝でオマーンチームと善戦した。オマーンチームは、オマーンテニス協会長のマンジェット、オマーンアラブ銀行のマネージャーのアスカラーヌ、医師のアリヤーミ、オマーン外務省勤務でバラカットと同じくオマーンテニスナショナルチームのメンバーのバドル（彼はロイヤルファミリーの一員）そして紅一点の大学生のナタリである。激しい攻防の末、（もちろん応援のほうも）一点の差でオマーンチームに負けてしまった。バラカットが歯軋りして悔しがっていたが、その歯軋りが相手に伝わったのか、オマーンチームとユナイテッドネイションンチームは〝昨日の敵は今日の友〟とゲームの後すっかり意気投合し、勝っ

た勢いでバドルが、

「ＯＫ！　レストランに敵も招待しよう」

とチーム全員を招待してくれた。そこで意外な話を聞くことになって、私は、

「え！」

ブサイナ姫の甥のバドルさんとパーティーで

と、思わず大きな声を出してしまった。

実はバドルの叔母さんがブサイナ姫であって、バドルは叔母さんととても仲がよくてよく交流されているという。

「叔母さんはとても優しくて親切で素敵な人ですよ」

と彼はにこにこして話してくれた。

「僕は時々叔母さんの家を訪問するのですよ。叔母さんはね。お料理が趣味でとても上手なんですよ。そして、いつも得意な料理を御馳走してくださいますよ」

「そうなんですか。今、叔母さんはどこに住んでいらっしゃるのでしょうか」

「叔母さんはね。家を二つ持っていらっ

しゃるのですよ。正式な家はマスカットの丘の上にあって、スタッフの人たちと一緒に暮らされています。もう一つは郊外に持っていられて、牧場があって動物たちを飼っていられますよ」

「まあ、幸せそうな生活ですね」

「今はアラビア女性としてとても幸せに平和に暮らされていますよ」

「そうでしたか」

私は感慨無量だった。そして〝ほんとうによかった〟と心の底からほっとした気分になった。

現在も詮索好きな日本人がいろいろと彼女のことを尋ねるらしいが、アラビア女性として平穏に生活されている彼女に対して、これからもそっとしてあげることが一番彼女にとって幸せなのではないかと思っている。

第十二章　オマーンで出会った友人たち

Mrs.《ミセス》 Amal《アマル》 Abdu《アブズウ》 Yusuf《ユセフ》

出会いの不思議

アマルと出会ったのは一九九二年のオマーンが最も良い季節を迎えた十月半ばのある日、インターコンチネンタルホテルのプールサイドだった。私がインターコンのクラブナイト（日・水の夜六時から九時まで各国のテニス愛好者が集まり、ゲームを楽しむ会。テニスを通しての国際交流の場でもある）に参加するため、ショートパンツをはき、さっそうたる姿でプールサイドを通りかかると、

「ハーイ！　マイフレンド！」

と、両手を挙げて親愛の様子を見せて私を招いた。私は彼女を全く知らないので

「え？　Who are you ?」

と、いいながら近づいて行った。と彼女は、

「今日はどこへ行くの？　魚つりに行かないの？」

と、尋ねた。そこで私は、ははん！　と気が付いた。彼女は私をＨ大使夫人と間違えている。私にとって嬉しく光栄なことであるが、Ｈ大使がカタール国のドーハからオマーンに赴任されて来られた時から、

「江村先生、あなた、大使夫人によく似ているという評判よ」

「ほんとうにそっくりよ」

などと、皆さんから言われもし、羨望のまなざしで見られたこともあった。確かに、よく間違えられた。特に外国人からは、日本人は皆同じように見えるのに、特別にその人に似ていると、てっきりそのご本人だと思い親愛の情をもって挨拶される。

ある時、ドイツ婦人から間違えられて、

「オオ！　アンバサダーズワイフ！　ハワユー」

などと言われて抱き締められると、

「オオ！　イエス、イエス、〝ハワユー〟」

などと言いたくなるのであるが、しかし、私は根は正直な人間なので、

「オオ！　アイム　ソーリー、アイム　ノット　アンバサダーズワイフ　アイム　ジャパニーズティーチャー、アヤコエムラ」

と挨拶すると、彼女は実に不思議そうな顔をして、

「全くよく似ていますね。彼女とそっくりですね」

と、しげしげと私の顔を見つめている。

真ん中がミセスアマル、右はご主人、左は友人のアディブ

H大使夫人はとても活動的な方なので、いろいろな方面で活躍されていて、オマーンの障害者問題にも関心をもたれ、オマーン婦人会館で週二回くらい障害者のお世話もされていることを聞いていた。また、普通の生活が大切だと言われて、季節の良い時期には自転車で付近を走り用事をすまされたり、歩いて友人の家を訪問されたりしていた。

「私も先日江村先生に間違えられたわよ。ティーチャー、ティーチャー、って呼ばれたのよ」

と、この時ばかりは、大使夫人とお互いに間違えられた話で大いに話題がはずんだ。

さて、私はアマルに、

「魚釣りをされているのは、大使夫人なんですよ。私は日本人学校の先生をしている江村彩子ですよ」

と、自己紹介をした。そんな経緯から自然に友人になってしまった。

アマルのことを大使夫人に話すと、

「そうなのよ。彼女はいつも海岸をジョギングしていて、魚釣りをしている私のそばに来て、今日は何が釣れたの？　とか、何匹釣ったの？　とかいってアイスボックスをのぞき込んでは話しかけてくるのよ」

とおっしゃっていたが、多分アマルは私よりは十歳くらい若いのだと思うが、オマーンの女性はあまり運動をしないで、おしゃべりして食べるのを楽しんでいるので、中年になるとよく肥えるらしい。彼女もよく肥えているので、体重を減らすため毎日ジョギングをしているのだった。

"アナ　アッへバック"

それにアマル夫婦は、オマーンの良い季節になった夕方はいつもインターコンのプールサイドのテラスでのんびりと友人と食事をしたり、お茶を飲んだりして過ごすのが日課のようになっており、インターコンの顔のような存在だった。私もクラブナイトのある夕方には顔を合わせて、いつもお互いにブロークンイングリッシュで話をするが結構通じている。しかし、アラビア語が話せたら、もっとアマルといろいろな話ができるのになあと考える。アマルも日本語ができたらなあと考えたのかも知れない。ある日、アラビア語と日本語の交換教授をやらないかということで話がまとまった。何といっても一番最初に覚えたいのは挨拶であるが、私たちは授業を面白くするためにアイラブユーから始めた。

「アイラブユーはアラビア語でどう言うの？」

と尋ねると、彼女は、

「アナは私ということで、愛するというのはアッヘバックよ」

と、喉の奥から息と共に発音するようにと教えてくれた。私は、

「アナ　アッヘバック」

と、少々ゼスチャーを入れて喉の奥から息を吐くように発音すると、アマルはすっかり喜んでしまって、

「とてもうまい、うまい、もう一度、もう一度」

と、何度も私に言わせながら一人で悦に入っていた。それ以後、アマルの友人がテーブルの横を通りかかると呼び止めて、片っ端からこの「アナ　アッヘバック」を私に言わせて、一人でますます悦に入っているのだった。

この「アナ　アッヘバック」の一言でアマルの大勢の友人ともいつの間にか仲良しになってしまった。

怠け者と定評

アマルの旦那さんは、ミスタームーサーと呼ばれている。少し、体が弱いと聞いたことがあった。

これは大分あとで知ったことだが、現在も閣僚で保健医療相をされているアリ・ビン・モハメド・

ビン・ムーサ博士閣下というのが、ミスタームーサの兄さんだそうである。道理で、インターコンで優雅な生活をしているわけだ。というのは、オマーン人は、父親を中心とした大家族が多く、血縁をたいそう大切にする民族だときいているので、私の想像だけであるが、体の弱い弟さんをバックアップされているのではなかろうか。

私が教員生活をリタイアーしてもまだオマーンに滞在しているので、アマルは、

「オマーンが好きなの、どうして？」

と尋ねるので、

「王様が大好きなのよ。それにオマーンのことを書きたいと思っているから」

と答えると、

「私のことも書いてくれる？」

というので、

「もちろん」

と返事している。

もうアマルと知り合ってから八年、この頃は、

「アヤコ、一体いつオマーンの本ができあがるのよ。あなたは怠け者よ」

と、叱られている毎日である。

Mr. Simon Karam
ミスター　シモン　カラム

シモンと家族

シモン・カラムはレバノン人であるが、オマーンで土木建設会社を経営する実業家である。最初に出会ったのは、やはりインターコンのクラブナイトであった。彼もテニス愛好家でそしてなかなか粘り強いテニスプレイヤーである。パリのソルボンヌ大学の土木建築科を卒業しているだけあって、アラビア語の他に、フランス語、英語、ドイツ語、イタリア語など五ヶ国語を話すインテリである。もちろん、私たちテニス仲間との会話は英語である。おおらかでそれでいて、よく気の付く気持ちの優しい人である。なによりも家族をとても大切にしている。

出会った当初の一九九二年頃はシモンも家族と共にオマーンに住んでいて、金髪で美人の奥さんのアーレットや五人の子供達と、金曜日のお昼にはインターコンのプールサイドのテラスで家族が仲良く食事をされていて、最高に幸せそうな家庭だった。シモンの子供たちも全員テニス愛好家であるから、いつの間にか家族と共に交流するようになった。ある時、インターコンホテル主催のトーナメントに、シモンの息子のその頃まだ中学生だったジャッドとペアを組んで出場し一回戦に勝って、シモンの家族共々大喜びをしたことが今でも強く印象に残っている。

シモン一家　右から娘のマリア　シモン　奥さんのアーレット　娘のキカ

その後、シモンの家族は長男のカリムや長女のエビリンが大学の教育を受けるため、奥さんのアーレットとともに一九九六年にレバノンに帰国したので、この三年ほどはシモンも日本人同様に単身赴任であった。家族思いのシモンはひまを見つけてはよくレバノンに帰っているので、私は時々シモンに会うと、

「また金髪美人の奥さんに会いたかったのでしょ」

と、チョッピリからかい気味に言うと、

「家族に会えてよかったよ。それにレバノンはいい国だよ。以前は中東のパリともスイスとも言われていたのだよ。今はもとの平和な国にもどったよ。ぜひとも一度いらっしゃいよ」

と、いつもレバノンの話をしてくれる。私はレバノン＝ベイルートというと、赤軍派の事件を思い出してつい敬遠していたのであるが、いつもの癖で〝自分の目で確かめよう〟と、つい最近の一九九九年四月十五日〜二十二日に東京からきた知人のIさんとレバノンを訪れた。

あらかじめシモンが奥さんのアーレットに連絡しておいてくれたので、ベイルートのシモンの家庭を訪問して家族と再会した。奥さんのアーレットを始め、現在、アメリカのマサチューセッツ工科大学に留学中の長男のカリムを除いた四人の子供たちは大歓迎をしてくれた。長女のエビリンはあの頃、マスカットプライベートスクールの高校生だったが、すっかり大人の女性に変身していて、その成長ぶりに驚いてしまった。スクールカウンセラーを目指していて、ベイルートのアメリカン大学を卒業して、現在ハーバード大学の修士過程で国際教育を専攻している。その頃、同じスクールの中学生だったジャッドがベイルートのアメリカ大学を卒業して、今年アメリカボストンのイースタンノース大学に留学するまでに成長していた。マリアンヌもキカも幼かったのに、マリアンヌはボーイッシュで活動的な少女にキカは愛らしい少女に成長していた。昼食を共にしながら、家族と共にいろいろな話に花が咲いたが、奥さんのアーレットが、

「日本は今でも共産国なの？」

と、尋ねるので、

「ええ？」

と、Iさんと顔を見合わせ絶句して、

「違いますよ。日本はアメリカやヨーロッパと同じ自由主義の国ですよ」

と、何度も強調したが、このレバノンでも私同様日本＝赤軍派の行動と受け止めている人がいることを知って、少なからず驚いてしまった。と同時に少数の日本人の行動が、いや日本人に限らず、

どこの国の人間であっても、他の国でした行動は如何に大きな影響をその国の人々に与えるかということを身をもって実感したのだった。

ジャッドと私が組んでテニスマッチの一回戦に勝った思い出話にも花が咲いた。どんどん子供たちは成長して巣立って行く。感慨無量だった。

奥さんのアーレットが、

「シモンがやはり家族は一緒に住むほうがいいから、オマーンに来てくれというのよ。多分九月頃には行くと思うわ。オマーンは平和で大好きな国だけど、アウトドア・スポーツ以外はあまりすることがないから困るのよ。私はアウトドアのスポーツは水泳をするくらいで、あとはなにもできないのよ」

と、おっしゃっていたが、確かにオマーンは赤い灯、青い灯の夜の町もなければ、カラオケもなければ、パチンコ店もない。最近は、ホテルの中にディスコダンスバーができて、若い世代の人達でにぎわっている。私も行ってみたが健康的にダンスをしている。日本との違いはイスラム国教の裏打ちがあるから、道徳的な慎み深さがある。現在の日本を見ていると、〝人前で何をしようと私の勝手〟と自由をはきちがえたあまりにも恥を知らない若者が増えていて驚いてしまう。宗教のない国もまた問題があるのではなかろうか。

オマーンは専らアウトドア・スポーツが盛んである。フットボール、テニス、サウンドゴルフ、水泳、スキューバーダイビング、砂漠のドライブ、ハイキング、トレッキング等、表の世界のみであり、健康な国、ナンバーワンに選ばれてもおかしくない国である。だから刺激に慣れた日本の若者は、退屈な国だと言う人もなかにはいる。

私は昔から健康的なアウトドア・スポーツが大好きなので、すっかりオマーンにはまってしまったわけである。

テニスの黄金時代

一九九五年にテニスがうまいO夫妻が日本大使館に赴任されてきたので、これもテニスの上手なその頃のK大使公邸のシェフであったBさん、ジャイカ専門家のSさんと私とで、日本人会のテニス同好会を発足させて、金曜日（イスラム教では休日）の午後四時から練習会を持った。この同好会は大体三年毎に赴任者が入れ替わるが、現在も活発な活動が続けられている。その当時のK大使もテニス愛好家でよく練習会に出席されて、時々私とペアになってよく試合した仲である。

シモンと他のレバノン人の友人たちや、シリア人のアタシとかアディブもこの金曜日の休日にテニスをするので、たびたび顔を合わせるようになった。お互いにテニスの好きな者ばかりで、すぐにより親しく交流するようになった。ある時シモンが、日本テニスチームとレバノンテニスチームとで、親善試合をしようと提案、早速その頃のテニス同好会メンバーたちで、プライベートなトーナメントを両国でしたことがあった。シモンは、「僕が提案したのだから」と、自前で参加賞を考え出して、全員にプレゼントして喜ばせてくれる優しさがあった。

特にOさんとシモンはよく気があって、インターコン主催のトーナメントに度々ダブルスで参加、準優勝を獲得するなど名コンビとして活躍していた。また、Oさん夫妻がミックスダブルスで出場で準優勝、Oさんの奥さんのSさんとイギリス人のJさんと組んで、レディス・ダブルスで優勝したりして、日本人のOさん夫妻はテニスの国際社会で日本人の名を高めた。Oさん夫妻のオマーン三年間の滞在中はシモンも含めて、テニスの黄金時代であった。

Oさん夫妻が日本へ帰国するときは、Oさんとの別れを惜しんでシモンが自前でインターコンで盛大な送別会を開いてくれた。シモン、Oさん夫妻は今でも交流が続いている。Oさん夫妻が帰国したのちも、入れ替わり赴任してくる日本人テニス仲間とシモンとの交流は続いている。

シモンはダンスの名手

また、シモンはOさん夫妻や私やその他の親しい友人とともに、たびたびレバノンレストランに招待してくれた。そのレストランにはエレクトンの楽士がいて、レバノン音楽を歌いながら演奏してくれるので、食事のあと、シモンと私は即座に踊りだすのだった。シモンも私も大のダンス好きと来ているので、音楽がなりだすととたんに二人とも体がリズムに乗って揺れ出すのでどうしようもない。私とシモンはダンスにおいてはぴたりと呼吸が合うのだ。シモンが次にどのようにダンスをするのか、私には分かるのでそのとおりにすればいいのであって、踊っていてとても気持ちがいいし楽しい雰囲気で踊ることができる。シモンがダンスするために腰を上げると、私はもうその前に相手として立っている。そして踊りだす。これは、インターコン主催のテニスマッチのあと、バーベーキューパーティで盛り上がったあとも、自然に二人がダンスをしようと近寄って行くから不思議である。そこでパーティは二人のコミックなダンスでまたまた盛り上がって行く。

ある時、レバノンレストランでシモンがレバニーズダンスを教えてくれた。簡単なステップで手をつないで踊りながら全員で円形になっていく、誰でも参加できるホークダンス的な踊りである。日本にも誰でも参加できる盆踊りや伝統的な民謡があるが、どこの国でもお国柄を感じさせる踊りがあるのだなあと感じたものであった。

オマーンにはレバノン人が約五百人ほど在住しているという。だからレバノン人によるナショナルデーは中東一と言われる華麗な姿をしているアルブスタンホテルで開催されるが、その時にも日本人のテニス仲間を招待してくれたりする。そこでもまた、シモンや他のレバノン人と一緒にレバニーズダンスをしながら、国際交流の場となっている。

二〇〇〇年の四月の末日、インターコン主催のデビスカップトーナメントの終了した翌日、オマーンナショナルチームのテニスプレイヤーで、ロイヤルファミリーのメンバーのバドルがシモンや親しいオマーン人、日本人のテニス仲間をレストランに招待してくれた。彼は英国で教育を受けただけあって、優しくて好紳士である。そのときもつい、シモンと調子を合わせて楽しくダンスをしたが、シリアの建築家のアタシに「アヤコとシモンは本当によい友達ですね」と言わしめてしまった。

愛する家族の再会

約束どおり奥さんのアーレットは昨年の九月にマリアンヌとキカを伴ってシモンのもとに来られた。マリアンヌもキカも現在ＡＢＡインターナショナルスクールの九年生と六年生である。

学校に通うかたわらやはり父親のシモンの影響でテニスを習っている。マリアンヌは身長もお父さんのシモンを追い抜き、たくましく成長しているし、テニスも非常に強烈な球を打つようになった。インターコンでコーチにテニスの指導を受けている子供たちのトーナメントが四月二十八日にあったが、マリアンヌは十四歳以下の部で優勝した。応援していたシモンは目を細めて喜んでいた。キカはときどき、日本のテニス同好会の練習会に参加して国際交流を促進している。

また、日本人会のテニス同好会もここ数年の間に、国際的な同好会となってきている。というのは、イギリス人のデビットやピーターと結婚した日本女性のＫさんやＴさんがハズバンドと一緒に参加されるからだ。また、その他、オマーン人のハーメットやイラン人のフッサムなども参加して国境を越えた交流がある。

また、シモンファミリーの仲むつまじい姿がインターコンのプールサイドで見られる今日この頃である。

Mr. Barkat Salim Al-sharji
ミスター　バラカット　サリム　アルシャリジィ

オマーンっ子も驚いた

バラカットと知り合ったのは、オマーンに来てまだ私が日本人会補習授業校の教員をしているときだった。

一九九二年の一月三十一日に第四回マスカットマラソンが開催された。その当時の日本人会長だったM商事のMさんが日本で所属されているTマラソンクラブの友人たちの男子四名、女子七名、合わせて十一名の方々がはるばる日本より、このマスカットマラソンに参加された。この東京のTマラソンクラブは一九八〇年に創立され、サラリーマンや主婦のジョギング愛好者からなり、ハワイホノルルマラソン、オーストラリアのゴールドコーストマラソンにも参加経験があるということだった。今回の参加は創立当初からのメンバーであるMさんの勤務地がたまたま中東のオマーンであって、そこでマラソンが開催されるので、中近東のオマーンを知ることと、オマーンと日本の国際交流の一つになればということで参加された。

このマラソン大会が特に新聞に華々しく取り上げられて、日本人選手一人ひとりのマラソンスタイルの写真入りでこの十一名が紹介されたのは、何と選手の平均年齢が五十三歳ということだった。

バラカットと一緒に

近代化が急速にすすむなかで今でこそオマーン人も健康やスポーツに関心が高くなり、女性でもジョギングする人々が増えて来たが、その頃のオマーン人の五十三歳は老人の部類に入っていたと思う。その平均年齢五十三歳の日本人が女性も含めて四二・一九五キロを走るというのだから、オマーンっ子もこれには驚いたにちがいない。

連日、新聞はマラソンコースの地図なども掲載して、オマーンっ子の関心をあおりたてた。このマラソン大会の大会運営委員長がその当時、弱冠二十八歳のバラカット・アルシャリジィだった。

彼が十九歳のとき、オマーンが初めて代表選手を送った一九八四年のロスアンジェルスオリンピック大会の八〇〇メートルと四〇〇メートルそして四〇〇×四のリレーの陸上選手として出場した栄光ある経験があり、スルタン・カブース・スポーツコンプレックスに勤務する若手のスポーツリーダーだった。

スポーツ万能の彼とは、インターコンのクラブナイトで時々ミックスダブルスでペアを組んでマッチをした間柄であるが、機敏でパワフルなテニスをする彼には誰もかなうものがなかった。また、各ホテルの主催するテニスコンペティションではその頃からたびたび優勝していたので、テニスをするものはだれでも彼の名を知っていた。いかにもスポーツマンらしく、たくましくきびきびしていて、当日の運営委員長にふさわしい存在だった。

このマラソン大会は参加者が地元のオマーン人を始め、インド人、パキスタン人、イギリス人、韓国人、アメリカ人、フィリピン人、日本人など七十八名が参加して国際的なマラソン大会になった。

大会のシンボルマークはいわずと知れたスポーツ界の人気者の彼の顔がカルカチュアになって愛嬌をふりまき、Tシャツのマークに現れたり、街角のあちらこちらでお目にかかるようになり、カルカチュアとともにますますマラソン大会の興奮は高まっていった。

そして当日、沿道に多くの応援者を集めて大成功のうちに終了した。在留日本人のほとんどが応援にかけつけていたが、日本人がこぞって感動したことは、十一名のうちのFさんが二十位で完走されてそれも、三時間二十六分四八秒で自己記録を十四分八秒もちぢめたよい記録だったことと、五十四歳の女性ランナーのSさんが二七位で、女性では一位で完走されて、そして三時間三十八分三五秒で自己記録を七分も上回る快記録だったことだった。翌日の新聞のトップ面には、大きく彼女のゴール瞬間の写真と彼女が表彰式でトロフィーを手にした笑顔の写真が掲載されていた。そして、二位の五十四歳のKさん、三位の四十五歳のTさんも入賞を果たしたことが紹介されていた。

〝日本女性ここにあり〟という誇らしい思いを抱いたことを今でも覚えている。このマラソン大会がオマーン人にもオマーン女性にも大きな刺激を与えたことは間違いなかった。というのは、子育ても終え、孫もある女性が四二・一九五キロを完走したという現実に、〝自分たちだってやればできるかも知れない〟という可能性を感じはじめていたと思う。

もちろん、賢明なカブース国王がこれからの国家建設や人的資源のために、青少年にスポーツを奨励されて、各都市にぞくぞくとスポーツコンプレックスやヘルスセンターが建設されているので、この一〇年で国技であるフットボールを始めバレーボールやテニス、ホッケー、水泳などで青少年が国際的に活躍している。

また、女性のスポーツ活動も活発化してきており、オマーンテニス協会のメンバーで、オマーンの子供たちのテニスのコーチをしている女性もいるし、バレーボール、バスケットボール、スカッシュ、テニス、卓球などで活躍している女性も多い。一般女性も健康に対しての関心が深まっていくと、ジョギングする女性、タイツをはいて水泳をする女性などの姿がこのところ見られるようになった。確実にスポーツに参加する人々が増加して来たことを私は感じている。

バラカット・アルシャリジィはマラソン大会の運営委員長を務めたその翌々年の一九九四年に日本の総理府が主催する〝世界青年の船〟に参加する青年にオマーンから選ばれて、その研修のために日本に旅立った。それを聞いたTマラソンクラブは、その研修の合間にバラカットを招待することを計画し、東京のニューオータニで再会を喜びあったという。私はクラブナイトの合間に、簡単な日本語の挨拶とか、お箸の使い方などを日本に行く彼に教えたが、帰国後、彼は東京でTクラブの方々から大歓迎を受けたことを興奮して話してくれた。

現在、バラカット・アルシャリジィは八歳のツインの男の子と三歳の女の子の父親でもあるが、オマーンテニスナショナルチームのメンバーで、デビスカッププテニスプレイヤーであって、勤務が終われば、練習に忙しい毎日をおくっているし、時々子供達のテニスを指導する姿を見かけるが、インターコンのクラブナイトには必ず参加していろいろな国の人達とテニスを楽しんでいる。顔を合わせると、

「ハイ！　マイパートナー！」

とにこやかな笑顔で誰にでも挨拶を忘れない。

そして初心者と組んでもユーモアを忘れずに励まして相手を楽しませながらプレーをするので、誰からも「バラカット、バラカット」と好感を持たれる国際的なオマーン人である。近ごろ彼は公用で時々日本を訪問するので、すっかり日本党になってしまい、日本のテニス仲間には「バラちゃん、バラちゃんと呼んでほしい」といって、みんなを笑いの渦《うず》に巻き込んでしまう。彼はまたオマーン・日本友好協会のチェアマンであって、友好協会主催の交流会などプログラム作りから内容など、すべての運営を任されて積極的に取り組んでいる。

現在はサルタンカブース・スポーツコンプレックスのヘッドオフィサーに昇格して、コンプレックスの運営とスポーツ発展のために、日夜努力している。

Mr. Neil Richardson
ミスター　ニール　リチャードソン

ユニークな国際人

ニール・リチャードソンも長く続いている良き友人である。彼と最初の出会いは、チームテニス(何組かの国際テニスチームをつくって、お互いに試合をして親善を図る)で、同じチームになってペアになり試合をすると〝あうん〟の呼吸が合うというのだろうか。お互いに"calm down"(落ち着いて！)と声をかけると〝ＯＫ〟とすかさず威勢のよい声が返ってくる。そう言った応酬が笑いながらできて、勝っても負けてもすごく楽しいゲームをすることができるので、親子ほど年が違うのに少しも違和感を感じさせないほど彼は国際的でおおらかな性格である。

それに私もユニークな面を多くもっていると言われているが、彼は私より、より多くのユニークさをもっており、ペアになるとすかさずペアのＴシャツを作り、二人ともそれを着てゲームをするようになるので、さすがの私もなんとなく気恥ずかしい気持ちがあるが、そんなことはおかまいなしに彼は大いにハッスルしている。

彼はオーストラリア人であるが、英国の市民権ももっている。ウエスタン・オーストラリア大学を一九八三年に卒業してしばらくオーストラリアと英国で働いていた。一九八九年にオマーンに来

ニールとよき仕事上のパートナー、マーシャ

て、スルタン・カブース大学関係の会社に働いていたが、オマーンの優れた伝統的な工芸産業に着目し、その伝統と文化を保存し広報するための国の機関がないことを非常に残念に思って、オマーンの官民セクター及び国際援助機関の協力のもとに、全国及び地方レベルにおいて、商業化の可能な工業プロジェクトの計画と実行に向けて立ち上がった。その彼のよきパートナーの一人にマーシャ・ドールがいる。彼女はアメリカ人でミシガン大学の芸術教育科を卒業したデザイナーであるが、明るくきびきびと仕事をこなしている。彼女と話していると楽しく時間を忘れるほどである。また彼女はアイススケーティングのインストラクターの資格も持っていて、仕事の合間に、マスカットで子供達にアイススケーティングを教えている（驚くなかれ！　灼熱のオマーンにアイススケート場がある）。先日、マーシャの教えている十一歳のレイシャ（オランダ国籍）がオランダナショナ

ルスケート選手権で二位になり、そのビデオテープを見て二人で大喜びをしていた。というのは、レイシャがスケーティングの曲にスペインの曲を選んだ。マーシャは〝アヤコはフラメンコを踊る〟と頭にピンと来たので、早速、彼女は私に電話、私は振り付けの参考になるならと快くフラメンコのビデオテープと衣装を貸したのだった。そして私もマーシャとともにレイシャの練習をのぞきに行ったりしていた。

「それが役に立って二位になれたのよ」

とマーシャが感謝していたからである。そしてレイシャは現在、オランダのアイススケーティングのナショナルチームの一員として毎日研鑽を積んでいるという。彼女が十五歳になればオリンピック出場も夢ではない。近き将来に彼女がオリンピック選手として活躍することをマーシャは心から願っている。

オマーンの伝統工芸に着目

さて、ニールの目的の一つにオマーンの伝統的な民芸職人のためのチャンスを明らかにすることがあった。このなかには開発計画の作成や、展示のための組織作り、オマーンの伝統工芸についての講演や発表などの広報活動も含まれていた。

先ず、一九九二年には民芸開発計画十年計画の準備で五人の閣僚からなる委員会が発足し、そのもとで、ニールは民芸発展計画とその実施のための組織作りを始めた。

　一九九四年にはオマーン文化遺産省とも連携をとりながら、文化遺産省による工芸プロジェクトのマーケティング調査と、行動プランの準備が実行された。この調査は、オマーンの遺産を守るという省の方針にそっているプロジェクトなので、一応評価しながら、マーケティング活動で採算が合うための戦略を立てる方向づけとなった。

　一九九四年には、オマーン・ヘルテージギャラリーが設置された。このギャラリーのオーナーはムナ・リィチィエ（Muna Ritchie）で採算を度外視してオマーンの民芸職人のために道を開いた女性である。当初はデザインと技術のノウハウを提供する非営利の機関で、工芸分野の官民のギャップを埋めるためのプロジェクトであった。

　オマーン・ヘルテージギャラリーは民芸職人のグループに対し、生産と流通を通じて、収入をもたらすとともに、デザインや製作についての技術を提供し、さらに近代的な市場へ結び付ける販売所を設置することだった。市場開発戦略は、旅行社やバイヤー、政府機関との協力のもとに実施されて、工芸に関するワークショップが設けられた。

　ギャラリーは中東で初めてボディショップ社の「ウェアトレード賞」を受賞し、一九九九年にはオマーン・エクセレンス賞の最終候補に上がった。

　現在ヘルテージギャラリーは工芸品、民芸品の販売活動も活発に行われている。

オマーンの伝統工芸記録に挑む

ある時、私がオマーン博物館に友人を案内したとき、ニールとマーシャとオマーン人の写真家が協力して、オマーンの伝統工芸品の写真撮影に熱心に取り組んでいる姿を見て、感動したことがあった。

また、彼らは北はムサンダムから南はドファールにいたる全国のあらゆる地域で工芸職人と共同作業をしながら、伝統工芸記録を作って来た。特にベドウィンのコミュニティとは楽しく協力したということである。

その成果は約六百ページの現地調査の報告や、デザインのための資料作りと九百ページの写真からなる二冊の本の出版で、これはオマーンの伝統工芸をくまなく記録したもので、今年中に出版の予定である。私も見せてもらったが、一つ一つの克明な記録が素晴らしいもので、その努力にほんとうに頭が下がってしまう。

もし、この本が出版されたら、オマーンは言うに及ばず、世界中の研究者や学者の垂涎のまとになることは間違いなしである。一日も早い出版を願っている。

五月十四日にニールとマーシャはアメリカンウーメンズグループの五月例会に五百人近い会員を前にして「なつめ椰子から作られた生活工芸品」と題してスライドとオマーン人の工芸職人の実地公演を見せながら講演をして大きな拍手を浴びていたが、如何にニールとマーシャがオマーンの伝統的な工芸品を大切にして発展させて行きたいと考えているかがよく理解できた講演会だった。

その他のオマーンの友人たち

オマーンに十年も滞在していると、日本人も含めて、ほんとうにいろいろな人々との出合いがある。スポーツの場だけではなく、あらゆる場の出会いがあるが、出会いが劇的な場合もあれば、ほんのちょっとした偶然で友人にもなるし、自然と友人になる場合もある。振り返ってみると、〝なかなか味のある国際的な友人たちが周囲には一杯いるな〟と思っている。私自身が〝世界中の人たちは皆友だち〟と考えている節があるので、相手も話しかけやすいのかも知れない。すぐ友人になってしまう。

一人ひとり名前を挙げていきたいが、きりがないので失礼をお詫びして、今回は十年来の友人のみを紹介した。

第十三章　オマーン魅惑の旅

満月の夜の海亀ツアー

海亀ツアー御一行様！

オマーンの日本人会の活動は学校運営部あり、レクリエーション部あり、日本人会新聞「さらーむ」編集部あり、婦人部ありなどと、各部が活発な活動を続けている。そのレクリエーション部が主催した海亀の産卵を見る旅に参加した。

オマーンには青海亀の産卵で有名なラサール・ハマドという場所がある。一九九四年の十月二十日、二十一日の満月の日にラサール・ハマドへ向かった。

当時のI大使ご夫妻も参加されて、総勢二十五名、五台の車に分乗して出発、一路ラサール・ハマドを目指して約六時間、二百七十キロの車の旅に出かけた。スール（漁業と造船で知られた貿易港）で、二日間の海亀ツアーのお世話をしてくださる四人のオマーン人の男性が私たち一行を温かく迎えてくれた。何とも心丈夫になり、更に勇気が倍増、あと二時間の車の旅もなんのその、海亀の上に心は飛んだ。スールの海岸線は悪名高い？　ガタガタ道、車は前後左右に揺れっぱなし、思わず、

海亀あらわる！

「ひぇー」

とか、

「きゃぁー」

とか、声がでてしまう。頭をぶっつけたり、背中をぶっつけたりの車のなかで悪戦苦闘の一時間、それでも野生？　のラクダやヤギがのんびりと遊ぶスール海岸の暮れ行く風景は前世紀かと思うくらいのどかで珍しく、私たちはドライブを十分に楽しんだ。

六時に目的のラサール・ハマドに到着した。すでに一夜を過ごすための男性用、女性用のテントは設営されていて、多くの村の世話がかりのオマーン人がゴザを敷いたり食事の用意をしたり、〝海亀ツアー御一行様歓迎の饗宴〟の準備が着々と進められていた。日は西に沈んだが、東の海の彼方から真っ赤な月がゆっくり昇り始めていた。

ゴザの上に我々は円形に座ると、先ず果物が運ばれた。次にヘルワ（オマーン風ういろう）が回され、オマニィコーヒーがだされた。どれもこれもが新鮮で美味しく、村の素朴な味だった。

おなかの小さな虫の治まったところで、自治・環境省・自然保護局次長のアリ・アル・キュミさんが我々一行のためにわざわざ海亀についての説明に来てくださった。それもたった今生まれたという子亀連れだった。子亀は電気仕掛けの玩具のように手足を動かして甘えていた。とても可愛い。卵から六十日目に孵化するという。

「明日の朝は楽しみね。こんな可愛い子亀が何百匹となく海へ帰っていくのが見られるのだから」

とキュミさんの話を聞きながらお隣さんと期待に胸を膨らませながら話した。

亀のエキスパートとしての誇りを持つキュミさんの話は、理科の授業のようで私たちも生徒にかえって神妙な顔付きで授業を受けていた。

亀の卵、孵化して三十日目の子亀、四十日目の子亀、五十日目の子亀の入った瓶を回しながらの話はなかなか興味深かった。卵はピンポンダマより一回り位大きく、想像していたよりは大きかった。というのは、亀は一回に九十個から百五十個産卵をするので、もっと小さいのかと思っていた。しかし、

「僕はもっと大きいかと想像していた」

と言う方もいた。それは亀の大きい体から想像して、もっと大きいと思ったという。成程、全く人間の想像力は色々である。

生むときは雌だけが陸に上がって来て、雄は海にいるという。雄は雌の生みの苦しみを見るのが辛いのだろうか。それとも、無事産卵が終わるのを満月に祈っているのだろうか。私はなんとなく

雄亀の気持ちが分かるような気がした。

満月の夜に陸に上がり、煌々と照らす月の光のもとで、三十分から約四十五分かけて生み続けるという雌亀のこの習性は、テレビなどでもよく紹介されるが、実際にそのドラマチックな場を見るのは初めてである。期待に胸が膨らんでくる。一度産卵した後、二週間後に来てまた産卵するという。それを三回位繰り返すというたくましさ。さすが百五十年も生きると言われる所以であろう。

しかし、生まれた子亀が生き延びるのはなかなかたやすくないらしい。三千匹の子亀のうち二十五年後に産卵のために帰ってくるのは、たった一匹という。孵化した子亀を、キツネ、鳥、カニなどがねらって食べるという。海の中もまた、弱肉強食の世界である。

ラサール・ハマドの海亀にはタグがつけてある。それは行動範囲を調べるものであるが、インド洋、パキスタン、モルジブ諸島まで、広い行動範囲をもっている事が報告されているという。

感動の産卵に立ち会う

キュミさんの話を熱心に聞いている間に、満月は高く濃紺の空に昇り海岸の砂の一粒さえも月の光でくっきりと判別できるくらい明るかった。

さあ、九時半である。いよいよ産卵を見に行く時刻である。胸の高鳴りを抑えつつ、ツアー一行は村人の先導のもとに我先にと海岸にでかけた。

「懐中電灯はつけてはいけないよ」

「亀が驚いて産卵できないから」

と小声で注意がささやかれた。

いました。いました。大きな亀が海岸から砂浜を目指して一生懸命にはい上がってきている。

「すごい！」

私の口から思わず声がとびちった。私は目の前の海亀のあまりの大きさに仰天してしまったのだ。そして立ちすくんだまま、その姿に見とれてしまっていた。彼女は振り向きもせず力強くはいのぼり、目指す窪んだ穴の中に入りこみ、前足で砂を掘った。そして、じっとしているかと思えば苦しそうに赤ん坊程の頭を振り、黒目に涙をため体を左右に動かし、のたうちまわっていた。私は彼女の後ろから逐一それらを見ながら、今、私は崇高な産卵に立ち会っているのだという真摯な気持ちで彼女を見守っていた。あまり穴が深すぎて卵は見えなかったけれど、あののたうちまわって苦しんでいるときに卵を産んでいたのに違いないと思った。

他の亀を見ていた方の中には、実際に卵がボコボコと産み落とされるのをしっかりと自分の目で見られた方もいて、私たちを羨ましがらせた。

体長一メートル以上、体重百キロ近くもある雌亀五、六匹が砂浜を目指してはい上がってくるのもダイナミックな光景なら、直径三メートルもありそうな穴にうずくまって、月の光を浴びながら産卵する光景は最も崇高な光景だと思う。

その夜は、海亀ツアー一行に村のオマーン人たちがすっかり興奮してしまい、声高くしゃべって折角の静かな産卵の場の雰囲気が少しばかり壊れてしまったが、本物のあんな大きな海亀がじっとうずくまって産卵する場に立ち会っただけでも、今までにない強烈な印象を受けた。この感動的な場面は永久に忘れることがないと思う。素晴らしい海亀ツアーの二日間だった。

オマーンの桃源郷〝ワカン〟

天国と地獄の分かれ道

一九九七年二月七日金曜日、砂漠の国オマーンの夢の桃源郷、あんずの花咲く村〝ワカン〟を訪れた。

丸一日たった土曜日の今もなお私は興奮のさめやらぬ面持ちで〝とても信じられない、あんな険しい山を越えてそのまた山を越えたそのはるか山のてっぺんにあのような不思議な村が存在するなんて〟ワカンから帰ったその日から私は何回この言葉を繰り返して自分に言い聞かせているのだろう。

私にそれほどの感動を与えた現実の村ワカンは、オマーンの首都マスカットから約百三十三キロ、ナカールまでは舗装された道路であるが、そこからは山の中の道なき道をワディ（涸れ谷）にそってすごい悪路、石と砂の山道を四輪駆動でジグザクに登って行く。揺れるの揺れないのってもんじゃない、私はうしろの座席に座っていたが、左手は左の取っ手を摑み、右手は右の座席の首のワクを摑んで自分の体が吹っ飛ばないようにして支え、重心を腰と両足にかけて座っている。両足はしっかりと踏ん張っていても体は上下左右に揺れっぱなしである。

「わあっ！　すごい道路ですね」

運転しているジャイカ専門家で漁業省に勤務されているTさんに話しかけても真剣かつダイナミックにハンドルを切っている彼は無言である。それほどの難路である。少しでもハンドルを切りまちがえれば、車はひっくりかえり谷底へ転落するのは目に見えている。そのワディにはエジプトのピラミッドの地下で見た王の石棺とおなじくらいの大きさの岩やそれ以上の大きさの岩がごろごろしている。私はひそかに〝この大きな岩値打ちがあるじゃない〟などと心のなかで思っている。助手席のベテラン漁業専門家のYさんは、この揺れる車の中で眠りこけている。私は何と肝のすわった人だろうと感心しながらも、〝彼はきっと昨夜夜遅くまで飲んでいたに違いない〟などと想像をたくましくしていた。約一時間くらいこんな道を走ってワディ・ミスタルに到着した。道が三方に分かれていて方角を示す三つの標識が立っていた。車が止まるとともに体の揺れも止まった。ほう！と一息入れて、あと三台の四輪駆動が到着するまで待った。太陽の光をうけて神々しいまでに藍色に輝く屏風のように切り立った山々が目前にせまって見えた。大分上まで登って来たらしい。空気がとても美味しかった。

六台の四輪駆動が無事到着したところで、いよいよワカンを目指して出発である。さらに登り道は急斜面になり険しくなった。石ころと砂利道であるからまかり間違ってハンドルを切り損なえば死ぬのは間違いなしである。さすがの私もTさんのダイナミックな運転に思わず、

「ゆっくりでいいですよ」

と、二、三度声をかけてしまった。助手席はこわいだろうなと思ったが、助手席のYさんは今度は目をぱっちり開けて泰然とされている。

「あっ！　あんな山の上に家が見える、あんなところに人が住んでいるなんて信じられない」

と、私は叫んだ。しかし、先頭の車はその山の上の村を通り越して更に登って行った。道はますます急斜面になり車はのたうちながらよじ登って行き、もし車がストップすればそのままますべり落ちていきそうな難所である。そんなカーブを何回も回ると、まさに山の上にと言おうか、雲の下にと言おうか、ワカンの村が見えたのであった。そのとき私は〝神様に近い村だ〟そう感じたのである。

「とうとうワカンへ来たわ！」

私は喜びにふるえるような声を出して叫んだ。それから九十度の斜面を一気に登りつめてやっと車が五、六台止められそうな場所に到着した。

そそり立つ山の上の村ワカンについにたどり着いたのであった。

二台の車がこの急斜面を登り切れなくて、途中の広場に駐車した一行が登ってくるのを待った。

神様に近い村

「あんずの花は咲いているかしら？」

私が一番気にかかっていたことを口に出してみた。すると若いぴちぴちキャリアウーマンの大使館員のWさんが

「咲いていたわよ。下から見えたわよ」

「ええ！　ほんとう、よかったわね」

Wさんのこの一言で全員の顔が一挙に明るくなった。

〝今頃なら咲いているかも知れない〟という〝勘〟だけでワカンへ来たのだ。二度とこんな所までは到底来られないと思うからこそ、〝あんずの花が咲いていなかった〟では落胆なんってものじゃないと思う。

と言うのはワカンは電気もなければテレビもないし水道もない。もちろん電話もないので、あんずの花が咲いているのか、咲いていないのか、もうすでに散ってしまっているのかも分からない。オマーン人に聞いてもそんな村があるのさえ知らないのだから、それほど奥深い山の上の村である。ただ日本人や欧米人がかつて訪れたことがあって、その人々から、二月の中旬頃までと言われていたので、七日ならいいかも知れないと、ジャイカ専門家で職業訓練担当のKさんが設定して下さったのだった。その日がどんぴしゃだったので全員の喜びもひとしおであった。胸がときめいた。

「どうしてこんな所に村ができたのでしょうか」

「水があるからですよ。水ですよ。水さえあれば人が住めるのですよ」

「どうして生活しているのですかね」

「自給自足の生活ですよ」

などと話しながら村に足を入れた。村には可愛い子供達が裸足で飛び回っていた。崖っぷちに建って連なる石の家を曲がると前方が開いて突然別世界が目にとびこんだ。まるでアラジンの魔法のランプのようだった。先頭を歩いていた私が叫んだ。

「あんずの花が咲いているわ。みなさん、早く早くいらっしゃいよ」

私はもう夢中だった。目の前にある桜に似たあんずの木は今まさに満開だった。そして前方の山に向かう斜面には白色のあんずの花が咲き乱れその中にピンク色の桃の花までもまじって咲いているではないか。緑色の棗《なつめ》椰子の木がその中に点在していた。それは「見渡せば柳桜をこきまぜて都ぞ春の錦なりけり」という日本の古歌があったが、まさにその歌の通り「見渡せばあんず椰子の木こきまぜてワカンぞ春の錦なりけり」と置き換えてもおかしくない風景だった。ただ柳の代わりに濃い緑色の棗椰子の木だった。そして目を山側に移せばだんだん畑があり薄緑したたる麦が風になびいていた。村の中央をファラジ（水路）が通り、透きとおるような清らかな水がこんこんとわき出るように流れている。その両側はたっぷり緑を含んだ野菜畑や草の生えた野原である。ねぎ、たまねぎ、大根、人参、ほうれんそう等々、そらまめまで植わっている。まるで日本の田舎に帰って春を楽しんでいるようであった。〃オマーンで日本の春を味わえるなんて！　まるで夢のようだわ〃と私はつぶやいた。

さらに上に広がっていく村をファラジに沿って上がって行くと、何とあんずの花がファラジ沿いに十本、あちらに二十本、向こうに三十本というように馥郁とした香りを放ちながら咲いている。またその合間に桃の花も咲いている。ブドウ棚もあれば、ざくろの木もある。バナナもあればパパイヤの樹もある。まさに天の楽園であった。あんずの花の木の下で一人の老人がしゃがんで何かしている。私は何をしているのかとのぞいてみると、ファラジでさつまいもを洗っていた。まるで世俗を知らぬ仙人のようなおだやかな顔をしている。私は是非とも一緒に写真をとりたいと思った。お願いすると快く一緒にカメラにおさまってくれた。

「ドイツの女流写真家が写したあんずの咲く村ワカンよ。こんな桃源郷のような村がこの砂漠の国オマーンにあるのよ。あなた信じられる？」

かつてオマーン大使だったH大使の奥様が日本に帰国される際に記念に私が頂いた写真だった。私はその写真を見ながら近い将来ぜひともワカンを訪れたいと思っていたのだった。だがなかなかチャンスが巡って来なかった。何といってもあんずの花の咲く時期は短い。ワカンには電気もなければ電話もないので情報がない。二月の上旬か中旬に花が咲くらしいという情報しかない。実際に昨年行かれた方は中旬だったが、花が散った後だったということだった。

険しい山道であるから普通の車では行けないし、二時間半もかけてようやくたどり着いたのに散っていたとか、まだ咲いていなかったということでは、泣くにも泣けない。

しかし、私は今年はどうしてもあんずの村に行きたかった。行って実際にこの目で確かめたかった。〝この乾いた大地に日本の春のような季節を迎える村がこのオマーンにあるなんて〟どうしてもこの目で確かめてみたかったのであった。

チャンスは巡って来たのだった。

Kさんにワカンの写真を見せて相談したところ「一緒に行きましょう」ということになり日時は

七日、四輪駆動六台、総勢十四人が参加した。

何の情報もなかったが、以前に訪れた方の話などから今日ならあんずの花はきっと咲いていると
いう期待感があった。

まさしく期待どおり満開であった。百本近くあるあんずの花の饗宴であった。

〝雲の上に存在する神にちかい村〟とでも表現できそうな村であった。

水源まで上っていこうとファラジ伝いにいくと、赤や黄色、緑や青の模様の華やかな民族衣装を着た娘たちが楽しげにおしゃべりしながらファラジで洗濯をしていた。

「サラマレコン」

と声をかけると、

「マレコンサラム」

と明るくかえってきた。

満開のあんずの下で、何の屈託もなく笑いころげながら洗濯をする娘たち、まるで絵を見ているような風景だった。

ファラジの先の水源は大きな池のようになっており、背景のさらに高い山から水が流れ込むようになっていた。

バックにあるハジャール山系の山々は三千メートル以上の山々が連なっており、冬は度々雨がふり豊かな水源を内部に持っている。この〝最も神々に近い村に住む人々〟はその価値を十分に知っているに違いない。だからこそ、文明の利器を知らなくてもほんとうの豊かさというものを知って

いるのだろう。

〝オマーンで日本の春を満喫できるなんて〟

オマーンの桃源郷であんずの花をいとおしみながら、魂の洗濯をした。ワカンを思い出す度に〝ほんとうの豊かさとは一体何か〟と自問する日々である。

後記

それ以後、ワカンのことは口づてに伝えられて、多くの日本人や、欧米人、オマーン人などが毎年訪れるようになった。一九九九年の二月十日に私はまたワカンを訪れたが、あの恐ろしいような山道は随分と整備された道路となって、私を驚かせた。ワカンの村は相変わらず電気も電話もない村であったが、この時期観光客がぞくぞくと訪れていた。現在、オマーン観光ツアーの中にも入っており、オマーン観光局も開発に力をいれているようである。やがてワカンにも電気や電話が引かれて、あんずの満開の日もはっきりと分かるようになると思うが、この〝神々に一番近い村〟の人々も文明に犯される日も近いと思うと、なんとなく悲しいような気分になってくるこの頃である。

〝ムサンダム〟を見ずしてオマーンを語るなかれ

陸路でムサンダムへ

「ねえ、Aさん、ムサンダムへ行きませんか。Aさんだって八月には帰国されるのでしょ。それまでにぜひとも一緒に行きましょうよ」

Aさんはマスカットの J 石油会社の所長さんである。三年間オマーン日本人会の新聞「さらーむ」の編集委員だった関係から常日頃からよく意見をかわしていた親しい仲である。そんなことを言いあっているうちにAさんと同じ会社の社員で同じく「さらーむ」編集委員のNさんが一足先に帰国が決定したので期せずしてムサンダム旅行が成立した。

一九九九年の五月の末日を利用して「さらーむ」編集委員三人とガイド兼ドライバーをしてくれる同じ会社のオマーン人社員のマホメットさんと四人で二十七日の午後一時頃マスカットを出発した。勿論車は4WDである。

近年ムサンダムは中東のノルウェーなどと言われてオマーンの観光資源として、スポットを浴びつつあるので、〝ムサンダムってどんな所だろう〟とそれぞれの胸は思い思いのイメージをムサンダムについて描きながら目的地に向かった。

私は現在ホテルビザでオマーンに滞在しているが、ロードパーミットも取得していてムサンダムに出発する前にAさんに見てもらって、ロードパーミットに詳しいオマーン人に尋ねて頂き、入国管理事務所で通過する国境検問所の場所名を記入してもらってすべてOKで出発したが……。

オマーン本国の北端の町ソハールを通過して三十分ほどでオマーンの国境検問所は難無く通過で一安心したが、UAE（アラブ首長国連邦）の入国検問所では一波乱、先ずNさんが上下白のパキスタンの民族衣装を着ていたので（とても涼しい服で旅行はこれに限るということだった）、またオマーン焼けした顔と体にそれがよく似合って「彼はパキスタァニーよ」と言ってもおかしくないくらいだった。

「パキスタン人がどうして日本人のパスポートを持っているのか」

と全員のパスポートを持参して検問所へ行ったマホメットさんは何度も質問されたので、

「どう言おうと彼は日本人である」

と、なんども繰り返して説明したと、あとでマホメットさんは言っていた。その上、まだ、疑っているのか、お堅いというのか、Nさんの荷物を全部調べて、Nさんが半分飲み残しのウイスキーがあるのを見つけると、目の前でドクドクドク！（うーん、と唸ったのはこちら）全部捨ててしまうという周到さだった。また、私のビザのことでもお堅いことをくどくど言ってマホメットさんを困らせたそうである。現在UAEは近代化が急速に進みブランド品は世界で一番安く手に入ると言われていて、日本のヤングレディも買い物に頻繁に訪れていて、東京にも劣らないような大都市に変身しているのに、この国境検問所はまるで前世紀の遺物的な人間がとり仕切っているように私には思えた。

しかし、UAEに入国してからは、ペルシャ湾の海岸線沿いに走っていったので、海と海沿いの町が美しく楽しいドライブになった。

命がけの山道

私たちはオマーン地図を見ながら走っていたが、オマーン湾岸の海岸線沿いにムサンダムに入ることになった。地図で見ればムサンダムまで直線だし、一番近道のように思われた。たとえ山があってもあのようにすさまじい山々が待ち伏せていようとは、誰も初めてムサンダムを訪れるのであるから想像さえできなかった。十分に海岸線の美しい眺めを堪能した後、ディバ(Dibba)という海沿いの町からムサンダムに入った。

「あら、舗装されているわね」

と喜んだのもUAEの国だったからで、オマーン国ムサンダムに入ったとたん、舗装道路は終了、国境検問所はなかったが、その代わり険しい山道が待っていた。標高二千メートルの山々が連なるムサンダム山岳地帯に踏み込んでしまったのであった。

「しまった!」

と、その時四人とも思ったかもしれなかったが、誰も引き返そうとは言わなかった。もう突き進む道しかなかったからである。

マホメットさんの顔もハンドルを握る手も心なしか緊張していた。助手席のNさんも右手で車の引き手をしっかりともって緊張していたし、後ろの席のAさんも私も車の支え手をもって緊張で声が出ないくらいだった。車はでこぼこの道なき道をはいずるように曲がっては走り、曲がっては走って登っていくが、大きな揺れがくるたびに自然に声が出てしまうのだった。

前も横も見上げるばかりの切り立った崖であって高い空が狭く遠くに見える。また、畳三帖ほどの大きさの岩が連なって立っている。そのすそをガックガックと地にそって走っていくが、もし、あの一つが落ちてきたらひとたまりもないだろうと思うと気が気でなかった。そのような谷底の道を〝もういやっ〟と言うほど曲がりくねりながら登っていくと、険しい山岳のワディ（涸れ谷）にもベドウィンが住んでいるのに出会い、無心な子供たちが私たちの車に向かって手を振ってくれるとこちらも手を振りかえしながら、

「こんな所にも人が住んでいるのね」

と、驚きをかくしきれずに言葉にしながらもほっと息をはき落ち着きをとりもどすのだった。

こんな深く暗く険しい谷底の道から頂上に到着することができるのだろうかと思うくらい長い時間をドライブしながら、やっと頂上に登り着いたと思うと、また先にも山がありというように、一つ一つの山をまだかまたかと時間をかけて征服しながら、やっと青息をついて一番高い山の頂上にたどり着いた。

何という素晴らしい眺めだろうか。

丁度今まさに夕日がペルシャ湾に沈もうとしているところ、海面にきらきらと太陽の光のしずくが飛び散って、まばゆいまでの光景だった。谷底からはい上がって来たせいか、まるで極楽のよう

に思えた風景だった。思い切り山の清浄な空気を吸い、いよいよハッサブに向かうために今度は下りのドライブへの出発だった。

大都会だったハッサブ？

山は登っただけ下らないと港町ハッサブへ行けないのが分かっていたのか、分かっていなかったのか、下りの方がなおのこと恐ろしい急峻な谷道を下りること一時間余り、日が落ちてもまだまだ明るかった。

小屋があって私たちが通り過ぎると、一人のムサールを頭に巻いたオマーン人の兵士らしい人が手に銃をもって飛び出して来た。

「国境検問所じゃないの？」

「止まらなくてもいいのかしら？」

と言っているうちに、マホメットさんは手を振って合図をしながら通り過ぎてしまった。兵士らしいオマーン人も〝ありゃ、オマーン人だ〟と認めたのだろうか。立ち止まったまま見送っていた。だから確かにあそこまではオマーン国であったはず、と私は思い返していた。

〝山を下ったからもうすぐだ。明るいうちに着くだろう〟と全員が楽天家だった。ルンルン気分で走っていたことは事実であった。そのうちに日は暮れても一向にハッサブに到着しない。おかしいなと思いながらそれでも暗闇の山裾を走ることまた一時間余、目の前に賑やかな都会の灯が飛び込んで来た。

「ハッサブに到着した」

「へえー、ハッサブって大きい町ね」

「向こうの方に港らしいのが見えるから、ハッサブホテルは海の方向かも」

と私たちは大喜びしながら、ホテルを探しまわったが見つからない。

ついにしびれを切らした私たち、

「一度尋ねてみたら？」

ということになり、マホメットさんが車から降りて道行く人に尋ねても誰もハッサブホテルを知らなかった。知らないはず。実はこの町はＵＡＥのペルシャ湾岸の町ラスアルハイマ（RasAlk-haimah)だった。私たちの落胆はいかばかりだったか。もう既に七時半は過ぎていた。それからマホメットさんの活躍ばかり、ハッサブへ行く道を尋ねてドライブ、検問所でまた待たされて、やっとオマーン国ムサンダムへ入国、ペルシャ湾岸沿いの道路は最近完成したばかりであるが、片方は海、片方は絶壁で素晴らしい道路であった。

「明日の朝、もう一度ドライブしよう」

と約束したほどの道路であった。そしてこの道路がつきたところがハッサブの町、先程のラスアルハイマの町とは比べものにならないほどの小さな田舎町だった。夜、九時過ぎ、ムサンダムの州都ハッサブにようやくたどり着くことができた。長ーい長ーい一日だった。

ムサンダムの海の魅力

ムサンダムの朝はマスカットに比べてぐっと涼しくすがすがしい朝だった。朝にもう一度、昨夜走った切り立った断崖のドライブコースを走ってみた。快適だった。断崖と向かいあった海は刷毛で一刷毛はいた後のように静かな海できらめいていた。

そしていよいよお待ち兼ねの半日コースのクルージングに乗るためのハッサブの港に行った。ここは小さいが活気がみなぎっている。イランとの貿易港である。イランからの日用雑貨がどんどん輸入されている。そして港の前の道路に山のように積まれてイラン人が売りさばいている。敷物とか瀬戸物とかおもちゃなどである。手にとって見ると値段は安いが品質は今一つであった。羊も山羊も狭いイラン船に詰め込まれて船の中でひしめいていた。

「サラマレコン」

と港にいる若い男に挨拶しても何の返事もなくにやっと笑っているだけだった。通じないはずである。イラン人はペルシャ語だった。

はしけを通って観光船に乗り込んだ。観光船は木で作ったダウ船である。広い船の上にはカーペットが敷いてあってゆったりしている。それもそのはずお客は我々四人だけであった。我々とオマーン人とインド人の船頭さんを乗せてゆっくり船は出発した。

目の前に広がる奥行きの深い濃紺の海の美しさに思わず四人とも、

「なんてきれいな海！」

ムサンダムの海をダウ船でいく

と声を上げてしまった。

そして行く手に切り立つように見えて来た海岸線は、二千メートル級の山々が海に沈み込んでいるためその山肌は変化に富んでいる。海岸線は途切れることなく続き、一枚岩が迫ってくるかと思えば、何かを彫刻したあとなのかと思わず見上げてしまう変化のある岩肌などがあって我々を楽しませてくれ、船はのんびり海をすべっているだけなのに、決してあきさせるということがなかった。

「これがフィヨルド式海岸なの？」

とAさんに尋ねると、Aさんは、

「案内書には北欧のフィヨルド式海岸とかいてあるが、これはフィヨルドではなく、日本の三陸海岸にあるようなリアス式海岸と言った方が適当でしょう」

とおっしゃっていた。

時には山肌に奥深い洞窟のような穴が見えて、そこを住居にしているのか、海の鵜が集団で小魚を獲っているのを見ることができたり、イルカの群れが船と競争するつもりか、一、二メートル程に近寄って来て、海面を飛んでいくのでこちらも興奮してしまうという場面もあった。

風は我々に優しくほほ笑みかけ船はやわらかくすべっていく。

自然と一体になって時が過ぎて行く。

〝これが幸せという時間かも知れない〟とこのとき程、しみじみと感じたことはなかった。また、複雑に入り込んだ地形の奥の海岸にへばり付くようにして、個数十から十二くらいの漁村が点在していて、子供達が浜で水浴びをしているのが目にはいった。

「水はどうしているの？」

とか、

「電気はどうしているの？」

と船を運転しているオマーン人に尋ねると、水は雨水をためて使用しているし、電気は自家発電をしているということだった。また、学校は船でハッサブまで通っているということだった。

近代化が急速に進む現在にかたくなに自分のポリシーを守って未だにこんな生活をしている人達が今は私たちよりうんと幸せなのではなかろうかという思いがあった。それほどムサンダムの海はあまりにも汚れなき海だった。

ムサンダムの海

奥深く入り込んだ海
中東のノルウェーだと言われる海
はるかに濃紺の海がひろがる

海が語りかける山へ
山が答える海へ
思索の海か沈思の山か

一段と大きい洞窟の下の海には小魚か
数百羽の海鵜がむらがりあそぶ
自然の恵みを受けて

悠然と船はすすむ
白く透明なドルフィンは
船と競争に身を焦がす

その後を追うのは
恋人か、夫か、妻か
するりと海上をとぶ艶姿

海と溶け合って船は行く
山と溶け合って船は行く
どこまでも続く海と山

ワヒバ砂漠へ一年分の大雨が降った!

大阪日・オ友好協会メンバー来オ

大阪の日本・オマーン友好協会のメンバー六人が、一九九九年三月三日から約一週間の予定で友好と観光をかねてオマーンを訪れた。そのプログラムをナサさんと奥さんのYさんと私で作り、ガイドを頼まれて私は一行と一行が日本へ帰国する日まで行動を共にした。二日間はマスカット市内観光と博物館めぐり、二日目の夜はK大使のご好意でオ・日友好協会のオマーン人メンバー共々一行を友好の一環として公邸の夕食会に招待してくださった。一行のなかのDさんが日本からお琴を持参されたので、夕食会の前に演奏された。静かな公邸の広間での演奏は、琴の演奏という思いもかけない日本の文化に触れてオマーン人も、琴の音色などとっくの昔に忘れていた日本人の私などに印象に残る感動を与えてくれた。その後の庭での夕食会も和やかにオマーン人との交流が遅くまで続いた。三日目はオマーンの京都と言われる古い都、ニズワを観光してそのままワヒバ砂漠に直行し夜は星の降るワヒバ砂漠でキャンプをするプログラムであった。

その年は三月に入っても朝夕は特別に寒くセーターが必要なくらいで、日中もTシャツの上にもう一枚羽織らなければならないほどの涼しさだった。一行がオマーンに到着した二日の夜も雨が降っていたが、その翌日も雨が降ったり止んだりの天候だった。しかし、オマーンは一年のうち、冬の季節に五回くらいしか雨が降らない苛酷なくらいの常夏の国なので、オマーン人もオマーンに滞在している外国人も太陽が雲に隠れて顔を出さなかったり雨が降ったりすると大喜びで、

「よいお天気ですね」

とにこにこして挨拶するのが普通なのである。

毎日毎日コバルトブルーに晴れ渡った良い天気で、とことん体が乾燥しているので雨が降ると体も心も充分に水分を吸収し、しっとりしてリラックスできる。

オマーンで雹《ひょう》を見た！

砂漠ツアーをする五日は朝から曇り空であったが、四輪駆動の車二台で出発した。ニズワに行く途中から大雨が降ったり止んだりしていたが、突然大きな音がしたと思ったら、空から大きな雹が降って来た。ツアー一行は大喜びで、

「雹だ！」

「雹が降って来た！」

と車の中は興奮状態だった。

首都マスカットより百四十キロ離れたニズワは、ジャベル・アフダル（緑の山）ジャベル・シャミス（太陽の山）などの三千メートル以上の山々に囲まれて、冬は山上に雪も降るといわれているし、よく雨も降るが、雹を見たのは九年いる私も初めてだった。ニズワでも大雨に出会ったが、ニズワ城やニズワスーク（市場）、ファラジ・ダリス（水路）を見て、五時頃そのままワヒバ砂漠へと向かって車を走らせた。途中でワディ（涸れ谷）に流れ込んだ雨水が氾濫して道路まで流れて来ていて川となっていた。車は両側に高い水しぶきを上げながらその道路をいきおいよく走っていくが、何度も川となった道路を走ったので、ついに一台の車の前のライトの横のバンパーが水の抵抗のために流れてしまい穴があいてしまった。そしてアルカビールという村に到着したときは夜の七時だった。道路の前方に沢山の車が止まっている。何事だろうかと行ってみたら、サマーイル　ギャップという最も大きなワディが氾濫して幅三百メートルの川と化して、濁流が音をたててとうとうと

流れている。警察官も出て通行禁止であった。私たちはあくまでも砂漠へ行くつもりなので水が少し引くまで、アルカビール・レストハウスで待機することになった。

危機一髪のドライブ

六時間待ってようやく雨も少なくなり、夜中の一時頃に出発、警察官の指示により四輪駆動であるので、なんとか渡ってもよろしいといういやいやながらの許可を頂き、勇気を奮い立たせながら、濁流の流れる中を渡り始めた。流されないために道路に沿って立っている蛍光塗料の塗ってある棒を目印に濁流のなかを大きくカーブしながらゆっくりと車は走ったが、車の高さの三分の一くらいまでは濁流の中である。時にはふらりふらりと流されそうになりながら、渡り終えたときには全員が「ふーっ」と大きなため息をついた。ドライバーはインド人のアンドリューさんとシャヘードさんで経験豊かで落ち着きのあるドライバーだった。それからまた、幾つかの氾濫したワディを渡りようやくワヒバ砂漠の入り口のワディにきた。もうあたりは恐ろしい程の真っ暗闇である。星一つさえ光っていない。ワヒバ砂漠の入り口のワディも氾濫している。総指揮者のナサさんとドライバーが渡るべきかもどるべきか相談している。私はとっさに危険を予想したのでナサさんに戻るように強く言った。ナサさんも危険を予測したのか、まず一台が先にワディを渡り、そして一台が待機して様子を見ることになった。ドライバーがタイヤの空気を少し抜いた。重心を下げて車が浮かないようにするためだろう。ナサさんの乗った車がワディを渡り始めた。突然ブスブスと深みにはまっ

ベドウィンの家にて

てしまった。乗っているメンバーが顔面蒼白になったのが待機の車に乗っている私にも分かった。後でナサさんに聞いた話であるが、即刻ナサさんが「バックしろ」と叫んだという。冷静なドライバーは落ち着いてバックにギヤを入れてあわてずにバックではい上がったという。待機していた車のメンバーもどんなにほっとしただろうか。その時真夜中の一時二十五分であった。

事前にナサさんの友人のアリさんの家に電話をして、もし今日ワヒバ砂漠に行くことができなかったら、この近くのアリさんの家に泊まることになっていた。しかし、ナサさんもアリさんの家を今までに訪れたことがないので、車を先頭にアリさんの家を探すことにした。しかし、真っ暗闇のなかで探すのは至難の業のように思えた。しかし、不思議なことに一人の男がふらふらと歩いてきた。尋ねると車を道路においたままこの近くの村のわが家に歩いて戻るということだった。そこでその男性に「アリさんの家を知っているか」と尋ねると「知っている」というではないか。何という幸運であろうか。早速車に乗ってもらって、アリさんの家に案内してもらった。到着したときは、夜中の二時過ぎであった。アリさんの家では家族総出で布団を大きな部屋に運び入れて全員が眠れるように準備してくれた。日本の古き良き時代が戻ったように感じた。綿のように疲れた体を横たえて朝七時まで死んだように眠った。翌日は快晴で昨日の雨はうそのように消えていた。あのたまっていた雨は一体どこにいってしまったのだろうか。砂漠の砂が全部吸い込んでしまったのだろうか。なんとも解答が出ないままに首をひねりながらそれでも楽々とワヒバ砂漠に行って、ベドウィンのキャンプ生活を見たり、サンドスキーやらくだに乗るなど砂漠の遊びを満喫した。

こうして冒険旅行は何とか無事に終わった。帰路にまだ水の引かないワディに車が一台プカプカ浮いていたが、後で聞くと一人の青年があのワディで死んだという。

オマーン滞在九年目にして、あの気の狂ったような大雨や雹に出会い、ワディの氾濫、そして濁流の中を車で泳ぎながら渡った恐ろしい体験は私の胸に強烈なパンチを今もって食らわせている。

ワヒバ砂漠

オマーンの首都マスカットから二時間半

トヨタランドクルーザーに乗って
一三〇キロで飛ばして行く
シートベルトをしっかりかけないと
体は今ごろ屋根の上と誰かが笑う

ドライバーはインド人のジハード
若くてハンサムで大胆な運転技量
彼の運転で砂漠に行くのは二度目
すっかり信頼しています　とはいえ
このスピードでらくだにでも当たれば粉微塵

ワヒバ砂漠の大砂丘

舗装された砂漠への道は永遠に続きそう
緑濃いナツメヤシの生えるオアシスの村が見えると
ほっと息がもれる　ブレイクタイムだ

レストルームに駆け込んで思い切り体を伸ばす
新鮮なマンゴジュースをたっぷり補給して出発

大きなワディを横切るともう砂漠のなかだ
砂漠のキャンプを目指し横揺れして駆け抜けて行く
ベドウィンのカラフルなテントがあちこちに点在する
目の前には小高い砂丘が横たわる〝これを登るの?〟
とたんにクルーザーが上向きになってよじ登って行く

私の体も上向いて車と一緒に悲鳴をあげる
砂丘の上に乗っかれば次は奈落の砂に落ちて行く
クルーザーとともに私の体も真っ逆さま
ジハードはこのときとばかり腕のみせどころ
冷静な横顔をみせ難解な芸を見せる

まるで曲芸団の一行だ
そして次の砂丘に挑戦する
この砂丘をよじのぼりよじくだり
その先に待ち構えた巨大な砂丘を
蟹のように横ばいではい上がる

うわぁ！　口々に感動の声
呆然と立ち尽くしながら見渡している
そこには地平線と一体となって砂漠が広がる
どこまで行けばいいのだろうか
心地よい砂の風に酔いながら自然の美と脅威にひたる

シバの女王と乳香の町サラーラ

乳香は金と同じ価値だった

サラーラはオマーンの首都マスカットより南に一千キロメートル程離れたところにある南部地方

（ドファール地方とも呼ばれている）の中心都市である。

幼少時をサラーラで過ごされたカブース国王はサラーラをこよなく愛されているらしい。六月から十月ごろまではサラーラの宮殿に移って執務を執られることが毎年のならわしとなっている。というもう一つの理由はサラーラは、アラビア海（インド洋の外縁）に面していて、六月から九月まではインド洋を南西から北東に吹く季節風の影響で毎日霧雨が降る。だからこの期間サラーラは日中最高温度が三十三度を越えず、山地では二十度台で涼しくて絶好の避暑地となっているからである。

私が初めてサラーラを訪れたのは、八月でこの毎日降る霧雨のお陰でサラーラは鮮やかな緑色の町に変身していて、これが砂漠の町とはとても思えないほどであった。このようにサラーラは六月から九月までは日本の五月、六月のように緑の季節になる。このような定期的な降雨現象は、アラビア半島ではサラーラ地域だけで湾岸諸国の人々の手頃な避暑地ともなっている。

この季節風による降雨は、サラーラの風土、文化、産業に大きな影響を与えてきた。太古の時代から上質の乳香（フランキンセンスと呼ばれている）はこの独特の風土の中でしか育たない樹であって、あとは対岸のアフリカのソマリアとそしてサラーラの西隣に位置するイエメンにしかない。この乳香はエジプト、ギリシャ、ローマの古代文明に供給されて金とならんで珍重された。特にシバの女王がソロモンの王にこの乳香を捧げた話は有名である。

その乳香の樹を見に行った。サラーラで最上質の乳香のとれる場所としては、カラ山地の北斜面の限られた一帯のワディ（涸れ谷）のなかにあって、高さはせいぜい二、三メートル、黒っぽい幹

乳香の樹

をしていて、こちらに一、二本、あちらに二、三本と群生している。枝は低いところから出て四方八方に伸びている。幹には斜めに多くの傷がつけてあった。そこから白い樹液がでていて、松脂と何か甘いかおりをミックスしたような匂いを醸しだしている。つまんで手のひらにのせてつくづく見てみる。

「これが古代に珍重された乳香か……」

と直接樹からとった乳香をもてあそびながら、しばらく古代に思いを馳せていた。この黒い幹に傷をつけると白い樹液が流れてくるというのがなんとも不思議であった。

一般的に乳香は乾燥させた樹液の粒で真珠大の大きさのものが市場で売られている。また、最上質の乳香は真珠色をしてつやのあるものとされている。

乳香の採取の方法をオマーン人のガイドに聞いてみると、樹に傷をつけて一週間おくと、汚れた樹液が出てくるので、それを全部洗い流してきれいにしてまた一週間おくと、今度は白色のきれいな樹液が出てくるのでそれを採取するという。採取の時期は雨期の前で最も暑い時期の三月、四月、五月が良いということであった。

「乳香は、この地に昔から育つ樹として、様々な用途で深く人々の生活に浸透している。乳香の葉、花及び実、樹皮、硬質の幹、樹液など、ほぼ全てが使われている。もちろん、最も貴重なものは乾燥させた樹液の粒で、その用途は、薬、香、消毒、麻酔、悪魔よけ、寺院の儀式のため等多様である。

樹液の粒をそのまま服用すると、消化、整腸に効くとされている。また、ガムのように噛んで、歯を強くし、口中の清涼感を保つ。最も普及している使われ方として、炭火の上で乳香の粒を燃やし、香を衣装に染み込ませることがある。割礼の儀式では、香の煙が痛みを和らげる麻酔にもなる。さらに、暗闇に覆われる夜、あるいは搾乳の際、家畜が悪魔にとりつかれないようにと、畜舎で夜通し、また、搾乳の側で香を燃やす。最後に、あらゆる儀式の際に燃やし儀式の荘厳さを醸し出す（ただし、葬式の際は燃やさない）。

この他、乳香の葉は家畜の餌に、花及び果実は薬に、樹皮は染め物に、という具合に用途広く使われてきた。

新たな試みとしては、乳香の香りをブレンドした香水「アムアージュ」（アラビア語で、波の意）が、オマーンで開発され、現在世界各地で評判を呼んでいる。上質の乳香を使っていることもさることながら、純金のプレートを施した豪華な入れ物で、値段が世界一高いというのが評判を高めて

いる理由のようである。」（以上、サラーラ案内より・日本大使館発行）

シバの女王の活躍

さて、サムハラムまたはコール・ローリはサラーラの歴史と対話する場所である。現在、発掘調査されており、金網がはりめぐらされていてなかには入れないようになっているが、かつてドファールの繁栄を支えた乳香の輸出港であった。紀元前一世紀にハドラマウトのシャブワに首都を有するサバエ王国の支配下に建てられた。サバエ王国の女王がシバの女王でキングスレマン（ソロモン王）と恋に落ちたことは有名な話である。シバの女王はイエメン人で、このサラーラのタクウというところに出城を築いており、城跡も残っている。乳香は内陸のハヌーンで集荷されてこのサムハラムまで運ばれ、ここよりイエメンのシャブワに船で輸送され、陸経路でエジプト、ギリシャ、ローマ、パレスチナに輸出された。そして、東は中国へと海のシルクロードを経て世界へ輸出していた。潟（コール）を見渡せる高台に上ってみると、眼下の潟の周囲は葦がびっしり生えて砂浜が海の入り口を閉ざし潟は淡水湖になり、上流のワディ・ダルバートより水が注ぎ込んでいる。聞くところによれば当時は潟にまで船が入り積み出しを行っていたというが、今は往年の栄華を潟のみが知っているという静けさであった。しかし、海の出入り口の砂浜は、サラーラで最も美しい砂浜の一つといわれるだけあって、いつまでも見飽きないほどであった。

ヨブの忍耐

さて、サラーラにはこの他、多くの古い遺跡が存在する。ナビアユーブ廟（ジョブ　ズ・トンブとも言われる）は旧約聖書のヨブ記にでてくる預言者ヨブの墓といわれている。ヨブは神の与えた悲惨な試練に耐えた人、として描かれており、コーランでも聖人として崇められている。コーランによると、彼は信心深く心の優しい人であった。家族にも友人にも恵まれて豊かな生活を送っていた。その上、多くの羊、ラクダ、牛などを持っている財産家でもあった。しかし、ある日ヨブは皮膚病にかかり大変醜い姿になってしまい、働くことさえできなかった。すべての財産を売りつくし貧乏な生活を送るようになった。今までいた友人は次々と去り、最後には妻まで去っていってしまった。しかし彼はアッラーの神を信じて生きつづけた。それをごらんになったアッラーの神は彼に手を差し伸べ、つるべの葉を彼の身体にまきつけて彼の体を癒された。長い間苦しんだヨブは、神の助けによって元の身体になり、豊かなときには集ってくるが、貧しくなると皆去ってしまうという人間の心の醜さを学び取った。そしてどんな苦しい時にもヨブはただひたすらアッラーを信じ続けたので、その後は以前にまして幸福な生活を送ったということである。

そのヨブの墓はサラーラの市内から約四十分、カーブの山道を登って行くと山の中腹の小高い丘の上にモスクと廟があって、廟の中に遺体が収められている。ここからはサラーラ市内が一望できる。登る途中にラクダの群れがゆうゆうとして道路を闊歩する姿に出会って驚いてしまう。そして思わず〝のんびりした町だなあ〟とまた新しい印象を受ける。サラーラには約四十万頭のラクダがいて、はるか昔より数が登録されているという。ラクダが道路を横切るときは、車が待たなければいけないことになっている。それほどこの町はラクダを大切にしているので、はねてしまったら五十万~百万円ほどの罰金を支払わねばならない。

その他、サラーラには古代都市があったアルバリード遺跡やウバール遺跡なども発見されて現在発掘調査中であるが、見所が一杯ある明るく楽しい町である。

この本を上梓するにあたって

オマーンに滞在して十年間が夢のように過ぎ去った。その間に書きためたものを一つの足跡として今回一冊の本にすることができた。

一九九〇年から二〇〇〇年の間、常時百人位の日本人会の名誉会長として滞在されていたO大使、H大使、I大使、K・T大使、現在日本大使のK・Z大使を始め、その奥様方、そして、その当時の日本人会の会員の皆様方にはあらゆる面でお世話になりました。

オマーンの資料を提供して頂いた植田一《はじめ》さん、新井雄正《ゆうせい》さん有り難うございました。

また、オマーンで資料を頂きアドバイスを下さったオマーン人の友人、Barkat Salim Al−sharjiさん、Zahran Alrukaishiさん、レバノン人の友人、Simon Karamさん、オーストラリア人の友人、Neil Richardsonさん、有り難うございました。

オマーン人家庭事情を色々な面から提供して頂いたA・Tさん、Y・Mさん、Nasserm Alwahaibiさん、Mohamed Salwahalbiさん、有り難うございました。

また英語の資料や会話を日本語に翻訳して頂いた梅崎興一郎さん、Tofts・富江さん、岡田光彦さん、有り難うございました。

そして色々な面で協力頂きました現在の日本人会の皆様方に厚くお礼申し上げます。

その後のオマーン（十二年ぶりにオマーンを訪ねて）

二〇一五年一月二十一日から一週間の予定で、私は日本オマーンクラブ主催のオマーンツアーに参加した。十二年ぶりのオマーンである。

日本オマーンクラブを二〇一〇年に立ち上げられた方は、オマーンをこよなく愛し、日本とオマーンの友好の懸け橋となって活動されている遠藤晴男さんである。現在も、日本オマーンクラブの会長を務められている。二〇〇七年九月九日には、オマーンに長年貢献された業績を称えられて、「勲一等カブース国王文化・科学・芸術勲章」を受与されている。

日本オマーンクラブの会員は、現在、約二〇〇人である。オマーン好きの人々が集まって創った会である。そのメンバーの一人である石崎丈雄さんは、住友商事のオマーン事務所の所長として、オマーンに赴任されて、約四年間オマーンに滞在されていた。その間、オマーン日本人会会長を務められていた。

住友商事を退職されてから、日本オマーンクラブの一環として、オマーンツアー旅行会社を二〇一二年に立ち上げられた。その第二回のオマーンツアーに私は参加して、十二年ぶりにオマーンを訪問した。

十年一昔とはよく言ったものである。

あまりにもオマーンが変わりすぎて、というか、発展しすぎて、もう、驚きで目をぱちくりするだけであった。

「ふるさとは遠きにありて思うもの、そして悲しくうたうもの」。室生犀星の小景異情の詩が、ふと、口をついて出てきた。

オマーンから帰国した当時は、「オマーンは私の第二のふるさとなんです」と口外してはばからず、オマーンを懐かしんでいたが、十二年も離れてしまうと、オマーンが遠くになってしまった、何だか手の届かないところに行ってしまった、という現実の気持ちは否定できない。

しかし、マスカットに近づくにつれて、相変わらず、雲ひとつない青空のもと、昔ながらの岩肌を優しく見せながら、歓迎してくれるオマーンの山々を見ているうちに、いとしさが込み上げてきた。

マスカット空港に飛行機が静かに着陸すると、胸が少しばかりざわめいた。タラップを降りながらいいようもない懐かしさが込み上げてきた。バスが待っていた（これは以前と同じだわ）。空港建物まで移動してマスカット国際空港に到着すると、「ここもあまり変わってないな」と、あたりをなめるように見回しながら、「でも以前よりも美しくなっているわ」と、まるで、旧知の友人に出会ったような嬉しさを感じていた。現在は、空港で五リアル（約千五百円）にて簡単にビザが貰える。私が滞在した時代は、ビザを貰うのにこのマスカット空港まで、何回、車で往復したであろうか。そのような思い出が頭の中をよぎった。

しかし、この素朴な空港も二〇一六年前半には、立派な新空港に生まれ変わるということである。すでに滑走路は完成されていて使用されている。

「私はオマーンに十二年も住んでいたの」という言葉は、もう通用しないくらいにオマーンは変化を遂げていた。

オマーンは近代国家から現代国家へと更に飛躍していた。そして、予想以上に車の渋滞が凄かった。「以前も渋滞がありましたけれど、それ以上に車が増えましたね」と言うと、石崎団長さんは「オマーンは若者の世代が増加しているのですよ」「整然としたきれいなビルが増えましたね」と言うと「聞くところによれば、オマーンは九階くらいまでのビルは建てられるということですが、それ以上の高さは規制されているらしいです。それに色彩は白とかクリーム色とか、茶色など自然な色が良いらしいですよ」「そういった規制は確かに昔もありましたね。マスカットの街が一段と美しくなったように思います」「ビルが増加しているので規制が厳しくなっているのでしょう」「まるで京都のようですね」「オマーンも中東の歴史ある国を誇りにしているからですよ」

オマーンは中東の歴史ある誇り高き国なのだ。そしてオマーン人も誇り高き民族なのである。

第一に人口が増加している。

十二年ぶりに訪れたオマーンの人口は約二倍になっていた。

二〇一四年度日本人会新聞の「さらーむ」の編集部長であった木村竹次さんが送って下さったタイムズ・ニュース・サービスによれば、二〇〇三年は二、五三八、〇〇〇人だったが、二〇一四年現在、四、〇〇〇、三四五人である。その内訳は、オマーン人が二、二三二、九四九人であり、外国人が一、七六七、三九六人である。更に若い世代が増加している現実がある。

若い世代は車が必要である。鉄道のない砂漠の国オマーンでは、車は必需品である。私も十二年間オマーンで車を乗り回していた。体の一部分であったような気がする。「オマーンのハイウェイは無料なのよ。日本もそうすると渋滞がなくなるのに」日本に一時帰国すると、それが私のその頃の口癖だった。

当然、車が増加すれば、道路網が必要になってくる。そして、その発展の最たるものが、道路網の整備であったのだ。かつて、私が住んでいた東のルイからマスカット国際空港に行くには、Sultan Qaboos Streetと名付けられた、四車線のハイウェイが一本であった。混雑もなく、スピードを出して気持ちよく走っていたことを思い出した。

それがいまや、片側三車線のMuscat Express High Way（QurmからSeeb方面まで）から18th November Streetと名付けられたハイウェイや24th July Streetと名付けられたハイウェイがあり、その他、ハイウェイが縦横無尽にできている。古くからの港町スールに行く時にもハイウェイができていて、快適なバスの旅だった。かつて精密な地図などは、あまり売っていなかったが、現在は精密な地図が空港でも売られている。ほんとうに凄い発展である。改めて十年の年月の重みを感じた。

オマーンに到着した翌日にツアー一行と共に、久しぶりに王宮を見学した。かつて王宮前は道路であり、王宮前のささやかな小さな広場で、「今日はオマーン国旗が掲げられていないので、王様はいらっしゃらないわ」などと、おしゃべりしながら、この王宮をバックに写真を撮ったものであった。しかし、王宮前は、素晴らしい広場となり、遊歩道もあって、観光を視野に入れた整備ができ上がっていた。オマーンは益々、観光にも力を注いでいるという実感をまざまざと肌で感じた事柄であった。

四日目は古都ニズワを訪れた。古都ニズワの落ち着いた様子はあまり変わらずに、昔の雰囲気に浸りながら、古き良き時代のオマーンに何となく安堵感を覚えたことが記憶に残っている。

その後、オマーンの最高峰ジャベルシャミス（太陽の山・オマーンの最高峰、三、〇七二メートル）に挑んだ。以前は大変な苦労と危険の隣りあわせで登った経験があったが、現在は、道路も整備されていて、オマーン政府は、このオマーン独特の山にも観光源として力を注いでいることが、理解できた。岩山のそそり立つジャベルシャミスの雄大な景色に改めて驚き、かつてジャベルシャミスの記憶が実にあいまいだったことを悟った半日であった。

四日目の夜は、オマーン唯一の日本食レストラン、東京太呂にて、日本人会会長の鈴木武史さんを始め、さらーむ編集部長の木村竹次さん、その他の会員の方々、親日家のオマーン人の方々が歓迎して下さり、夕食を共にしながら、楽しい一時を過ごした。東京太呂のオーナーの中戸川さんとは、長年の知己の間柄である。かつて一週間のうち、一、二回は東京太呂で日本食を頂いてお世話になった。日本人社会にとっては、東京太呂はオアシスのような存在である。現在も元気で、東京太呂を経営されているのは、嬉しい限りである。

オマーン訪問五日目には、オマーンで最大の規模を持つ、スルタン・カブース・グランドモスクを見学した。

このモスクは、私がまだ、オマーンに滞在中の一九九五年にカブース国王が、国民のためのモスクを建設したいという考えのもとで、私費を投入されて着工され、六年を掛けて完成されたと聞いて

オマーンツアー・グランドモスクの前で

いる。

私は二〇〇二年に帰国したのであるが、二〇〇三年の冬に、個人的に、オマーンを訪れている。その際に、Bausher 地区のハイウェイの近くに建てられたスルタン・カブース・グランドモスクを訪れたことが記憶に残っているが、外見の壮大さに圧倒された。それもそのはずである。敷地面積は、四一万六千平方メートル、建物の総面積は四万平方メートルということであった。ハイウェイから見える五本のミナレットは、更にこのグランドモスクに威厳と母親のような優しさをもたらしているように思う。その時は、内部の見学は許可されずに残念な思いを残して帰国したことを覚えている。

今回、改めて、グランドモスクの外部・内部を見学して、その素晴らしさを目の当りに実感した。

先ず、門を入ると、目の前に整然とした庭が広

中には、日本人見学者ツアーもいて「どこから？」と尋ねると、「船で熊本から来ました」と、おっしゃっていた。

「夜のライトアップが見たいのですが、次の観光地に行かねばなりませんので、残念です」

そう、おっしゃっていた。

夜、ライトアップされると、中からの光にドームの模様が浮き上がって、昼間とは異なる美しさの姿を見せてくれるそうである。

このスルタン・カブース・グランドモスクは、オマーンの国が誇る最大の美術館だと言っても過言ではないと思う。百聞は一見に如かず、という言葉があるが、是非とも世界中の方々に一見して欲しいと、願っている。

旅の終わりの二泊はインターコンチネンタル・ホテルの宿泊であった。

インターコンチネンタル・ホテルは、私を十二年間、支えてくれたホテルである、と言っても言いすぎでないホテルである。その頃、何の娯楽もないオマーンでの楽しみは、夕方から夜にかけてのテニスのプレーだった。テニスコートは五面あり、テニス人口は多かった。オマーン人も欧米人も、アジア人も皆、入り混じってプレーをして平等にテニスを楽しんだ。国際交流の場になっており、私も下手な英語を駆使して、あらゆる国の人びとと友人になり、いっぱしの国際人としての自負を持ち、「アヤコ、アヤコ」と呼ばれて、結構、国際人を気取っていた。繁華街から離れ、海辺を背にした静かなこのホテルに行く道は、混雑もなくドライブには最高の道であった。その当時は、ホテルの周辺は、あまり密集した家もなく、豊かな木々が植えられていた。その道を私は、ゆっくりとドライブを楽しみながら、インターコンチネンタル・ホテルに向かった。しかし、現在、その道は、洒落たショップやホテルが立ち並んでいて、かつての田園的な面影は完全に失われていた。インターコンチネンタル・ホテルも大きく豪華になっていた。そして、ホテルの近くにロイヤル・オペラハウスが建築されていて、あたりは高級感あふれる地域となっていた。近くには、各国の大使館が立ち並び、大使館通りとなっていた。

私も大のオペラ好きであり、音楽を愛される王様のお気持ちはよく分かるような気がした。是非とも、オペラハウスを見学したいと思ったが、時間の関係上、見学はできなかった。次にオマーンを訪れた時には、是非ともオペラハウスで、オペラを観劇したいと思っている。

ロイヤル・オペラハウスのパンフレットの解説では、二〇〇一年に立案されて、二〇〇七年に建築が開始されて、四年後の二〇一一年十二月にオープンしたとあった。

カブース国王が平和と和合と人類の相互理解という高い理想のもとに、オマーン国のスルタンの名において、国民のために建築されたということであった。このオペラハウスの建築によって、オマーンの伝統芸術と国際文化の交流の先鞭をつけるという意味もあったという。

照明設備、エアコン設備、安全装置、警報、座席の電子化等、近代建築技術を駆使している内部ということだった。

総面積は七八、五四八平方メートル、建物の総面積は二五、三四六平方メートル、最大収容人数は一、〇九一名、コンサートモードでは、一、〇五五名、劇場モードでは九七六名、オペラモードで、フルオーケストラが入ると、八三九名収容できるそうである。

人数の違いは、劇場自体がそれぞれのモードによって、例えば、オーケストラが入る時には、ステージ横の席は壁に吸収されるとか、多彩な仕掛けがあるということである。また、音響効果にも配慮がされて、不協和音が出ないようにとか、最高の技術が使われているようである。また、奥には、素晴らしいパイプオルガンも設置されているそうである。その重さは、五〇トン、四、五四二本のパイプが使用されているということだった。メインフロアーの大理石の床はイタリア産、外の大理石はオマーン産、天井の木はビルマ産、天井のシャンデリアはスワロスキーでオーストリア産、階段の大理石はイラン産等、世界中の大理石や木が使われていて、デザインも世界中のものが使われている。豪華で最高のオペラハウスのようであった。

音楽をこよなく愛される王様が、オマーン国民のすべてに、音楽を愛し、平和を愛する人間になって欲しいというメーセージが込められているオペラハウスではないかと、考えられる。

六日目には、久枝日本大使が日本オマーンクラブのオマーン訪問ツアー一行を、大使公邸に招待してくださった。

久枝大使御夫妻は、とても気さくな方であり、私達を心から歓迎して頂いた。大使からは「最近のオマーン・日本の関係について」というテーマで、有意義な講話があった。その後、日本食の昼食が用意されており、久しぶりの日本食に舌鼓を打ちながら、大使御夫妻や大使館員の方々と共に、楽しい一時を過ごした。

中東のオマーンと私を結んでくれたオマーン日本人学校、現在のオマーン補習授業校にもお尋ねしたかったが、ツアー旅行のため、叶うことはできなかった。

旅の最後には、十二年ぶりのスークに買い物に行ったが、スークは殆ど変わっていなくて、久しぶりに素顔のオマーン人に出会ったという思いがあった。

一週間のオマーンでの滞在は、あっという間に過ぎ去った。楽しい日々であったが、十二年間のブランクは一挙に埋まるものではないことを痛感した。

私の愛するオマーンが、今後、どのように更に発展して行くのか、見守って行きたいと思っている。


註・(グランド・モスクについては、オマーン日本人会・かわら版、「さらーむ」二〇一二年五月五日号の婦人部より・木村佐恵子さんの「グランドモスク見学記」を参考にさせて頂きました。また、オペラハウスのパンフレットの概略の訳を友人の中村史門さんに御願い致しました。更に「さらーむ」二〇一四年七月十三日号の婦人部より・新屋実香さんの「オペラハウス見学会」を参考にさせて頂きました。有難うございました。また、この文章を書くにあたり、二〇一四年のオマーン日本人会かわら版「さらーむ」の編集部長である木村竹次さんと、日本オマーンクラブ会長の遠藤晴男さんにご協力頂きました。まことに有難うございました。)

参考文献

ＯＭＡＮ九〇　ＭＩＮＩＳＴＲＹ　ＯＦ　ＩＮＦＯＲＭＡＴＩＯＮ
ＯＭＡＮ九八／九九　ＭＩＮＩＳＴＲＹ　ＯＦ　ＩＮＦＯＲＭＡＴＩＯＮ
ＯＭＡＮ九九　ＭＩＮＩＳＴＲＹ　ＯＦ　ＩＮＦＯＲＭＡＴＩＯＮ
『イスラムからの発想』　講談社新書　大島直政著
「さらーむ」　オマーン日本人会新聞「さらーむ」編集部

オマーンの略年表

年代	時代	イスラム世界とオマーンのできごと	日本のできごと
紀元前	原始時代	メソポタミア文明（現イラク） エジプト統一国家（ピラミッド） アレクサンダー大王が東方に遠征 イエメンからアズド族の移動開始 ササン朝ペルシャの支配	狩りや漁のくらし 縄文式土器 米作り・金属器が大陸から伝わる 弥生式土器
500 600 700	大和時代 奈良時代	マホメットが生まれた（五七〇） マホメットがイスラム教を（六一〇） マホメットがメッカよりメジナに移った （ヘジラ暦元年） オマーンのイスラム化（六三〇） イスラム帝国ができた（六三二） ハワーリジュ派の占領（六八四） ウマイヤ朝の占領（六九七） 初代イマームの選出―ジュランダ朝の始まり（首府・ニズワ）（七五〇）	大和朝廷がほぼ国土を統一した ・古墳がつくられる ・漢字が大陸から伝わる ・儒教や仏教が伝わる 聖徳太子の政治（五九三） ・冠位十二階 ・十七条の憲法 ・法隆寺 大化の改新（六四五） 奈良に都を移した（七一〇） ・古事記、日本書紀 ・東大寺の大仏

年代	1950	
時代	大正時代	昭和時代
イスラム世界とオマーンのできごと	内陸イマーム勢力によるマスカット攻撃（一九一五） イマーム・ハリーリの選出（一九二〇） シーブ協定（スルターンとイマームの勢力範囲の策定マスカット・オマーンの始まり） スルターン・サイードの即位（一九三二）	ブライミ紛争（一九五二〜五五） イマーム・ハリーリの死去（イマーム・ガリーブの選出）（一九五四） スルターンの内陸部族の制圧（一九五五） ジャバル・アフダル紛争（内陸部族の反乱）（一九五七〜五九） 国連にてオマーン問題討議（一九六〇年代） ドファール解放闘争の開始（一九六三） ドファール紛争（一九六五〜七六） 石油収入の発生（一九六七） カブースによる宮廷クーデター（一九七〇） 国名改称「オマーン」 ドファール地方名改称「南部地方」 UNとアリブ・リーグへの加盟（一九七一）
日本のできごと	米騒動が起こった（一九二三） 関東大震災が起こった（一九二三）	太平洋戦争始まる（一九四一） 広島、長崎に原爆が落とされ終戦（一九四五） 日本国憲法が公布された（一九四六） 国際連合に加盟（一九五六） 経済が急速に成長した 東京オリンピック開催（一九六四） 沖縄が日本に復帰した（一九七二） 石油危機（オイルショック）（一九七三）

年代	時代	イスラム世界とオマーンのできごと	日本のできごと
1980	昭和時代	カブース国王の国内巡行開始（一九七六） イラン革命発生（一九七八） 国家諮問会議の設立（一九八一） ＧＣＣ加盟 南イエメンとの関係正常化（一九八三） ソ連との外交関係樹立（一九八五）	日本と中国の平和友好条約が結ばれた（一九七八）
1991	平成時代	湾岸戦争始まる（一月）終結（四月）	平成時代となる 宇宙飛行士毛利衛さん宇宙へ（一九九二・二〇〇〇）
1994		皇太子・同妃殿下オマーン御訪問	皇太子・同妃殿下ＧＣＣ親善訪問の旅に出発
1995		カブース国王在位二十五周年記念式典行われる	宇宙飛行士向井千秋さん宇宙へ（一九九四）二度目は一九九八 阪神大震災（一九九五）
1998		イラク危機 アメリカ・カーター研究センターよりカブース国王に国際平和賞	北朝鮮人民共和国日本に向かってミサイル発射
1999		欧州（通貨）ユーロー導入 中東和平に貢献ジョルダン王国・キングフセイン死去	長野冬季オリンピック開催

年代	時代	イスラム世界とオマーンのできごと	日本のできごと
2000	平成時代	カブース国王在位三十周年 十月　中東和平会議始まる 十一月　カブース国王在位三十周年 オマーンルネッサンスナショナルデー 記念式典行なわれる	六月　沖縄サミット開催 九月　シドニーオリンピック開催 （日本メダル十八個獲得） 十月　若田光一さん二度目の宇宙飛行（二〇〇〇年十月十一日〜） 一度目は一九九六

元オマーン日本人会補習授業校教諭　鈴木信男先生作成

江村　彩子（えむら　あやこ）

京都府に生まれる。

1955年　京都女子大学短期大学部卒業後、須知高校、瑞穂中学校、高田中学校、別院中学校に勤務
1981年　文部省海外派遣教員としてジャカルタ日本人学校に赴任
1984年　帰国。京都府亀岡市立亀岡中学校に勤務
1990年　亀岡市立亀岡中学校退職。オマーン補習授業校に勤務
1992年　オマーン補習授業校退職

1993年より2002年までオマーン日本人会新聞「さらーむ」編集委員。
オマーンに12年間滞在。帰国後、大阪文学学校に学ぶ。

日本オマーンクラブ会員。

【著書】
『女神の島より』
『アラビア海を越えてオマーンにようこそ』（日本図書館協会選定図書）
『いきいきシニア実践学』

三訂新装版
アラビア海を越えてオマーンにようこそ
— 中東にこんなに平和で美しい国がある —

2000年12月25日　初版発行
2015年 5 月25日　三訂新装版発行

著　者　江 村 彩 子
発行者　中 田 典 昭
発行所　東京図書出版
発売元　株式会社 リフレ出版
〒113-0021　東京都文京区本駒込 3-10-4
電話（03）3823-9171　FAX 0120-41-8080
印　刷　株式会社 ブレイン

ISBN978-4-86223-869-6 C0095
Printed in Japan 2015
落丁・乱丁はお取替えいたします。

ご意見、ご感想をお寄せ下さい。
［宛先］〒113-0021　東京都文京区本駒込 3-10-4
東京図書出版